Dieu s'en moque

Osez une
vie spirituelle
excitante !

D0877799

Projet dirigé par Myriam Caron Belzile, éditrice

Conception graphique : Nathalie Caron
Mise en pages : Andréa Joseph [pagexpress@videotron.ca]
Révision linguistique : Chantale Landry et Philippe Paré-Moreau
En couverture : Photographie de Hans Laurendeau – shootstudio.ca
Maquillage et coiffure : Mélanie Champagne

Québec Amérique
329, rue de la Commune Ouest, 3ᵉ étage
Montréal (Québec) Canada H2Y 2E1
Téléphone : 514 499-3000, télécopieur : 514 499-3010

Nous reconnaissons l'aide financière du gouvernement du Canada par l'entremise du Fonds du livre du Canada pour nos activités d'édition.

Gouvernement du Québec – Programme de crédit d'impôt pour l'édition de livres – Gestion SODEC.

Les Éditions Québec Amérique bénéficient du programme de subvention globale du Conseil des Arts du Canada. Elles tiennent également à remercier la SODEC pour son appui financier.

Conseil des Arts   Canada Council
du Canada   for the Arts

SODEC
Québec

Catalogage avant publication de Bibliothèque et Archives nationales du Québec et Bibliothèque et Archives Canada

Arel, Marie-Josée
Dieu s'en moque
(Dossiers et Documents)
ISBN 978-2-7644-2557-2 (Version imprimée)
ISBN 978-2-7644-1196-4 (PDF)
ISBN 978-2-7644-1197-1 (ePub)
1. Vie spirituelle. 2. Réalisation de soi - Aspect religieux.
3. Arel, Marie-Josée. I. Titre. II. Collection : Dossiers et documents (Éditions Québec Amérique).
BL624.A732 2013   204   C2013-941356-1

Dépôt légal : 4ᵉ trimestre 2013
Bibliothèque nationale du Québec
Bibliothèque nationale du Canada

Imprimé au Québec

MARIE-JOSÉE AREL

Dieu s'en moque

Osez une
vie spirituelle
excitante !

Québec Amérique

À tous ceux et celles qui sont en quête d'éternité

TABLE DES MATIÈRES

Qui aurait l'audace de placer dans une même phrase les mots *vie spirituelle* et *excitante*? Probablement le même genre de personne qui insinuerait que Dieu se moque du genre humain.

Cette familiarité de ma part à l'égard du divin peut paraître déplacée. Cependant, Dieu et moi, nous nous fréquentons depuis 25 ans. Tel un vieux couple complice, les conventions ne tiennent plus entre nous. Avec beaucoup d'humour et de délicatesse, on se contente de laisser l'autre ÊTRE. Même si la routine nous rattrape à l'occasion, notre relation n'a néanmoins rien de platonique. Sa présence m'en a fait voir de toutes les couleurs!

Depuis l'âge de 15 ans, je suis attirée par Dieu et par la spiritualité. Pendant que mes amies se passionnaient pour la danse, le sport ou les garçons, je dévorais des livres sur tout ce qui traitait de l'Au-delà. J'ai flirté avec le Nouvel Âge, l'ésotérisme, la réincarnation pour revenir ensuite à mes racines chrétiennes-catholiques. De façon assez draconienne d'ailleurs puisque j'ai vécu en communauté religieuse de l'âge de 22 à 28 ans, telle une bonne sœur. Non, ce n'est pas une blague et oui, j'ai pratiqué la chasteté (qui consiste à ne rien pratiquer) pendant ces six années.

J'ai quitté le couvent avec un besoin pressant de mieux me comprendre dans ma quête d'Absolu. J'ai complété un certificat universitaire en sciences religieuses et j'ai usé de différentes thérapies pour remédier au mal de vivre qui sévissait en moi. La spiritualité est alors devenue un lieu de connaissance de moi-même, une façon de revenir au centre de mon être.

Longtemps, j'ai été de ces personnes espérant mettre la main sur un bouquin ou sur un être humain exceptionnel capable de résoudre l'énigme *Dieu*. Je me revois en train de gober tout ce que j'entendais ou lisais, sans aucun sens critique. Dès qu'une lecture, un motivateur ou un leader spirituel me faisait sentir bien, je devenais convaincue d'avoir enfin trouvé la vérité.

Mais je n'avais ni mentor ni guide. J'ai donc appris « sur le tas », par la bonne vieille méthode essais et erreurs. J'ai souvent eu l'impression que Dieu lui-même se moquait de moi ! J'aurais tellement apprécié que l'on me conseille, que l'on me fournisse un genre de manuel d'instructions. Pas un ouvrage qui prône un courant de pensée, mais qui m'aide plutôt à comprendre et à vivre sainement ma fascination pour l'Ultime.

Chaque fois que je flâne dans le rayon « spiritualité » d'une librairie, je compatis avec les gens que j'y croise. Car je sais d'expérience que chercher est parfois douloureux, laborieux et même dangereux, surtout quand on parle d'un univers aussi intangible ! Et bien que je sois maintenant consciente qu'il n'existe aucune réponse définitive, j'amorce l'écriture de ce livre en souhaitant qu'il éclaire la route de ceux et celles qui cherchent à définir et à enrichir leur spiritualité.

Comme la vie intérieure fait appel à nos valeurs, à notre émotivité et à notre degré d'autonomie affective, il est difficile de l'évaluer de façon objective. Tout est si finement et subtilement enchevêtré qu'il faut beaucoup de lucidité pour savoir si l'on fait fausse route. Il ne s'agit pas de porter un jugement sur nos croyances, mais plutôt d'examiner ce qu'elles produisent comme effet en nous et autour de nous. Car on reconnaît l'arbre à ses fruits.

Y a-t-il des critères pour évaluer si ma vie spirituelle est en santé ? Comment savoir si ma relation à l'Au-delà est bienfaisante ? Existe-t-il des repères qui m'indiquent si je suis en mode expansion au plan intérieur ? Aujourd'hui, après plusieurs années d'exploration, je crois que oui.

Puisque je suis une passionnée de spiritualité, j'en parle allègrement et sans retenue. À maintes reprises depuis quelques années, mon entourage m'a suggéré de mettre sur papier mes astuces pour **une vie spirituelle EXCITANTE** et équilibrée. J'ai ainsi regroupé mes réflexions et mes prises de conscience en vingt courts chapitres empreints de mon parcours personnel, tout au long desquels on retrouve une certaine chronologie.

Écrire ce livre fut une aventure exaltante ! Cela m'a permis de revisiter les expériences qui m'ont vivifiée, les erreurs à ne plus répéter, les leçons m'ayant permis d'évoluer. Tel un carnet de bord, il ne contient pas la Vérité, mais simplement quelques éclats libérateurs.

•••

1.

DANS LA PEAU

Être spirituel, c'est normal

....

« Ta place n'est pas dans le temps. Ta seule place est dans l'éternité, où Dieu lui-même t'a placé à jamais. »

Un cours en miracles, p. 92[1]

....

Avant d'aller plus loin, entendons-nous sur le sens que je donne au mot « spiritualité ». Je définis la SPIRITUALITÉ comme étant le très vaste mouvement dans lequel s'inscrit la vie de l'âme. Pour parler de spiritualité, il faut reconnaître cette dimension de nous qui n'est ni visible ni tangible. Admettre qu'il y a davantage que le monde physique, matériel et temporel dans lequel nous évoluons. Et si nous admettons qu'il y a une extension invisible à notre univers, cela inclut la présence de quelque chose d'autre, « au-delà » de ce que nous expérimentons ici-bas. C'est pour cette raison que, très souvent, la spiritualité implique aussi une relation à l'Au-delà, quel qu'il soit. Relation qui peut se vivre sous forme de croyances, de foi, d'expériences diverses et/ou

---

1. SCHUCMAN, Helen et William THETFORD. *Un cours en miracles*, Éditions du Roseau, 2005, 1392 p.

d'adhésion à un groupe religieux. Bref, pour les adeptes du scientifiquement prouvable, je crains qu'il n'y ait rien de réconfortant dans ce que je viens d'exprimer.

Adolescente, je ressentais un malaise profond à vivre sur la Terre. Et c'est dans le sillage de cet étrange sentiment qu'a eu lieu mon éveil à la spiritualité, c'est-à-dire que j'ai pris conscience d'être plus qu'un corps, d'avoir aussi une âme. Mes premiers balbutiements spirituels se sont donc traduits par un vide intérieur. Je me disais qu'il devait y avoir plus que cette existence où nos jours sont comptés. Au fil des années, ma quête de sens a eu des allures de montagnes russes : j'ai fait un bon nombre de thérapies ; j'ai songé au suicide, particulièrement dans les moments difficiles ; j'ai vécu six ans en communauté religieuse afin de me rapprocher de Dieu ; j'ai fondé une famille et réussi en affaires ; j'ai réalisé plusieurs de mes rêves ; je vis selon mes priorités. J'ai maintenant une vie merveilleuse pour laquelle je rends grâce chaque jour. Même si je me sens en équilibre, le spectre de l'impasse se pointe parfois le bout du nez.

Alors que de nombreux humains vaquent candidement à leurs occupations, il m'arrive encore de trouver complètement absurde le concept de cet ici-bas. Les mêmes questions se remettent à tourner dans mon esprit : « Quelle est la signification de tout ceci ? À quoi cela sert-il de se démener et de donner le meilleur de soi ? Quel est le but ? » Comme si on m'avait placée dans un labyrinthe à ma naissance en me mettant au défi d'en trouver la sortie.

Pour faire une image claire, je flotte entre deux mondes. Une partie de moi a toujours vécu dans un univers qualifié de spirituel. Mon âme ressemble au ballon qui tente de s'échapper, mais que j'agrippe afin de le retenir au sol. Je fais cela depuis 25 ans. Une incroyable dépense d'énergie à contrecarrer cette puissante impulsion de mon être.

Même si mon quotidien déborde d'occupations et que je suis entourée d'un mari aimant, d'un fils adorable et d'une famille extraordinaire, le terre à terre ne me comble pas totalement. Je sens qu'il y a une autre dimension parallèle à cet ici-bas. Pour ressourcer cet aspect de ma personne qui échappe à ma compréhension, j'ai toujours une lecture à saveur de pensée positive ou de spiritualité sous la main. Ou bien je jette mon trop-plein de mysticisme en écrivant sur un blogue. Je m'évade aussi dans des films fantastiques à la Harry Potter. Il suffit également de me parler d'anges, de lutins ou de superhéros pour obtenir mon attention. Tout mon être est tendu vers une autre réalité.

Bien que je sois une femme d'action et une travaillante, je ne carbure pas à l'argent et aux accomplissements. Pourquoi ? Parce que lorsque je veux mettre de côté ma passion pour l'intériorité, je m'éteins. Dès que je veux faire de ce monde une finalité, comme s'il n'existait rien d'autre que ce qui est visible, je sombre dans le désenchantement. Je sens que mon âme est alors privée de vitalité et de nourriture.

Lors de mes études en sciences religieuses, j'ai fait la découverte d'une théorie très intéressante de deux Allemands, Fritz Oser et Paul Gmünder. Mes notes de l'époque résument l'essentiel de leur approche :

> La théorie d'Oser et de Gmünder ne s'attarde pas sur une religion en tant que telle mais plutôt sur le caractère spirituel inhérent à tout être humain. Pour les auteurs, les êtres de toutes les religions, de tous les courants religieux, et de toutes les croyances sont concernés par cette théorie. Elle aborde le religieux selon une école de psychologie appelée "structuralisme génétique". Selon cette approche, le lien avec l'Au-delà, l'Ultime, Dieu, est inscrit dans les structures génétiques de l'être humain. Tout être humain, peu importe qu'il évolue dans un environnement religieux ou non, serait essentiellement spirituel ! Cette théorie ne veut rien affirmer au sujet de l'Ultime mais elle décrit

plutôt le développement du jugement religieux qui finalement détermine le type de relation de l'être humain à l'Ultime. Bref, comment l'être humain évolue dans sa conception de l'Ultime, de Dieu.

Ces deux chercheurs ont élaboré une grille d'analyse qui décortique le développement psycho-religieux d'une personne. L'idée étant que tout être humain, peu importe sa race, sa religion, ses croyances, va un jour, dans son existence, se poser une question du genre : « Y a-t-il quelque chose au-delà de ce monde, après cette vie ? » Cela nous traversera l'esprit, même si ce n'est que lors de notre dernier souffle. Selon eux, nous nous situons tous quelque part dans cette grille, qui sert précisément à comprendre le rôle que nous donnons à Dieu. Rôle qui est appelé à changer au fil du temps et des expériences que nous vivons.

« Moi, je ne crois en rien ! » J'entends régulièrement cette affirmation. En questionnant la personne, je découvre que si elle ne croit pas en Dieu en tant que tel, elle reconnaît cependant une force, une énergie, bref quelque chose de plus grand qu'elle. Il s'agit d'une forme de lien avec l'Au-delà.

Parfois, les gens affirment ne pas prier, n'entretenir aucune relation avec Dieu. Ils me confient ceci : dans les temps difficiles, ils prient une personne décédée qui leur était chère. Encore une autre forme de lien avec l'Au-delà.

La fameuse grille de Oser et Gmünder permet de découvrir que nous entretenons une liaison (même inconsciente) avec l'Au-delà bien plus que nous le croyons ! Choisir de mettre Dieu de côté, d'en faire fi, c'est aussi un autre type de relation à lui. Exclure reconnaît de façon implicite une forme de lien.

Bien entendu, c'est une théorie. On peut la défendre ou la contester, l'assimiler ou la rejeter. Mais on gagne à la questionner. Reste que la prémisse d'Oser et de Gmünder a fait beaucoup pour moi. Peut-être n'étais-je pas si cinglée après tout? Ce flottement entre deux univers auquel j'essayais de remédier n'était peut-être pas un défaut de fabrication? Et si j'étais née non pas seulement mortelle, mais aussi spirituelle?

Comme des millions de personnes, je suis rivée à mon téléviseur quand vient le temps des Jeux olympiques. Le nageur Michael Phelps nous a tous coupé le souffle ces dernières années. Sa morphologie idéale pour la nage, avec un torse long et une envergure de bras quasi anormale, le prédisposait à exceller. Adolescent, quand il comparait son corps à celui des autres jeunes garçons, ne devait-il pas se sentir comme un extraterrestre? Heureusement, ce qui aurait pu le complexer a tourné à son avantage. Il n'a pas rejeté sa génétique, il a choisi de l'exploiter.

J'ai une forte propension à la vie intérieure et un incontrôlable béguin pour Dieu. Je suis faite ainsi. Cela m'a causé bien des migraines et j'ai essayé d'être normale. C'est-à-dire d'agir sans trop accorder d'importance à tout ça. Mais ça ne m'allait pas du tout. J'ai donc fini par faire de ma différence ma meilleure alliée.

Pour ceux et celles qui se sentent génétiquement spirituels et qui aspirent à **une vie mystique STIMULANTE**, le premier pas à franchir consiste à accepter pleinement cette dimension de notre être. Cesser d'en être gêné ou de se croire anormal. Quand on a un truc dans la peau, pourquoi l'ignorer sous prétexte qu'on ne peut le raisonner, qu'il n'y a pas de preuves scientifiques? À partir du moment où j'ai endossé mon désir du divin, mon expérimentation intérieure est devenue tout sourire. Au lieu de me sentir drainée par ma propre résistance, j'ai eu un véritable regain de vitalité!

S'il fut un temps où être spirituel était bien vu, notre société moderne a évacué une telle idée. Les endroits où réfléchir dans la tranquillité, où prier et méditer sont presque inexistants. Dès que nous avons une minute de libre, nous allumons la radio, nous surfons sur Internet ou nous consultons les réseaux sociaux. Nous sommes noyés dans un océan d'images, de bruits et de tumultes. Le calme plat, la douceur du moment présent, le plaisir de se connecter à notre essence, pas très tendance !

La spiritualité n'a rien de *glamour*. Elle est taboue dans certains cercles. Elle provoque des airs narquois et des regards condescendants puisque certains la considèrent comme une béquille pour les faibles. Si elle suscite parfois de l'intérêt, le sujet est rapidement mis de côté parce que difficile à démystifier.

M'afficher comme étant une personne portée sur la spiritualité nuit sûrement à mon image. Affirmer que j'accorde autant d'importance aux besoins de mon âme qu'à ceux de mon corps me vaut des jugements. Mais dans ma perspective, seule ma notoriété auprès de Dieu compte. Et ça tombe bien parce qu'il se moque de nos critères d'évaluation en ce qui a trait à la normalité et au réel. Visionnaire et avant-gardiste, il a créé sa propre mesure : l'Éternité. Dans son univers, les limites et les restrictions de notre monde s'évanouissent. Même la mort, si fatale soit-elle, lui apparaît comme un léger détail. Pour lui, nous sommes plus que ce que nous croyons être.

Oui, j'ai Dieu dans la peau. Je devine sa présence dans les gens que je côtoie. Je cherche la réalité spirituelle qui se cache dans les événements du quotidien. Même si j'aborde l'expérience humaine avec passion et que j'en profite intensément, mon existence m'apparaît comme un entre-deux, un interlude, un passage. Ma véritable patrie me semble être ce qu'il y a avant et après cette vie. Et tant pis pour ma réputation !

•••

2.

DIEU, UNE MARQUE SANS NOM

Redéfinir Dieu ainsi que son rôle

....

« Quand tu crois quelque chose, tu l'as rendu vrai pour toi. »

Un cours en miracles, p. 134

....

Puisque j'aime la simplicité, résumons la situation ainsi : le terme Dieu est au divin ce que Kleenex est aux papiers-mouchoirs, ce que Tupperware est aux contenants de plastique, ce que Frigidaire est aux réfrigérateurs.

Pour apprécier notre cheminement spirituel, n'est-il pas nécessaire de dépasser la barrière du vocabulaire ? Les mots sont incomplets, superflus et limités. Peu importe notre tentative de le définir, Dieu ne peut se réduire à un lexique ou à une terminologie. Ce serait comme essayer de contenir le vent dans une boîte !

Depuis quelques années, c'est très tendance de rebaptiser Dieu : l'Univers, la Présence, l'Être suprême, la Lumière, l'Amour, la Pleine Conscience, etc. Autant d'expressions significatives qui me plaisent et me dépeignent différents visages de Dieu.

Mais que se passe-t-il réellement quand une personne sent le besoin de changer le nom de ce qu'elle avait toujours appelé ou connu comme Dieu? Vient-elle de faire une découverte révolutionnaire?

Souvent, elle ne fait que redéfinir son rôle. Le terme *Dieu* évoque des croyances ou des perceptions auxquelles elle ne veut plus adhérer. Elle a besoin d'un second souffle dans sa relation avec le divin. Alors, à travers une nouvelle appellation, elle lui donne une nouvelle fonction.

Or, rien ne nous empêche de revisiter le rôle de Dieu sans lui donner un autre nom pour autant. Il suffit d'admettre que le divin n'a d'autre mandat que celui que nous lui assignons. Je crois que Dieu se laisse manipuler comme une véritable marionnette par les hommes. Il accepte qu'on le déguise, qu'on le maquille, qu'on lui prête des mots et des intentions.

N'est-il pas vrai qu'au fil des siècles nous en avons fait un drôle de personnage? Nous l'avons accusé d'être un punisseur. Nous l'avons affligé du titre de juge de l'humanité. Nous lui avons fait dire des paroles telles que: «Œil pour œil, dent pour dent.» Nous entretenons l'idée qu'il envoie des épreuves, mais qu'il compense en nous donnant la force de les traverser. Nous lui avons conféré une autorité civile à travers le pouvoir des religions. Nous affirmons qu'il permet le malheur pour notre plus grand bien.

Honnêtement, qui voudrait d'une telle relation? Une vie spirituelle excitante n'est possible que si le dieu en question nous attire. Il doit provoquer en nous de légers frémissements, une petite chair de poule, un cœur chaud, des sensations agréables, quoi!

Une spiritualité TONIQUE procure la liberté de questionner le rôle donné à Dieu ainsi que les idées que nous entretenons à son sujet. Nous avons le droit et le devoir de redéfinir ce qu'il est pour nous. Notre perception doit évoluer, sinon c'est le cul-de-sac.

Quand j'ai vécu en communauté religieuse, les expressions utilisées étaient très importantes. Je baignais dans une perception assez traditionnelle et restreinte du divin. Appeler Dieu d'un autre nom que Seigneur ou Très-Haut me faisait sentir irrespectueuse. Cela maintenait la bonne vieille croyance chrétienne qu'il était un Être au-dessus de moi et que je n'étais que sa fragile créature. Jamais je n'étais autorisée à croire que Dieu puisse être moi et que son pouvoir puisse être mien. Vouloir lui donner un tel rôle m'aurait valu des reproches de la part de mes supérieures.

Après mes années en religion, j'ai ressenti le besoin de remuer mes convictions. Et pour faire changement (!), j'ai entrepris un certificat universitaire en théologie. Contrairement à ce que l'on peut penser, les sciences religieuses ne se portent pas systématiquement à la défense de Dieu. Le but est plutôt d'en faire l'étude, ce qui implique de confronter des idées établies à son sujet. Surtout, on y brasse des questions d'éthique et de morale de la plus haute importance. L'ouverture est de mise.

Entrevoir Dieu sous la forme d'un sujet d'observation ne fut pas chose facile au départ. J'avais l'impression de le soumettre à mon petit raisonnement humain et de le profaner. Mais je ne pouvais plus associer Dieu à la vision limitée reçue en communauté. Mon âme avait besoin de prendre le large et de briser les consensus et l'unanimité. J'ai donc renoncé aux perceptions qui découlaient des dogmes que l'on m'avait enseignés afin de plonger dans ma propre expérimentation. Quelle ivresse ce fut de suivre mon propre instinct dans mon approfondissement du divin !

Dieu, on ne le voit pas, on ne l'entend pas, on ne peut le toucher. Comment se mettre tous d'accord sur le sujet ? Si j'aperçois une maison rouge, je peux affirmer avec certitude qu'il en est ainsi. Les autres approuveront parce qu'ils voient la maison de leurs yeux. À la limite, certains diront « rouge-orangé », d'autres parleront de « rouge-vin », mais tout le monde s'entendra sur la couleur « rouge ». Une certaine unanimité est possible.

Quand je discute de spiritualité, je respecte la vision de mes interlocuteurs et je considère saines nos divergences d'opinions. Qu'ils utilisent *Dieu, Univers* ou *Conscience cosmique* ne constitue pas une menace. Nous parlons du même concept. Le terme est accessoire.

De plus, qui sait quels noms rendent vraiment justice à Dieu ? Et s'il était à mille lieues des visions statiques établies depuis des millénaires ? Imprévisible, surprenant, fougueux, autant de qualificatifs qui lui siéraient bien ! Il pourrait être pénétrant comme la lumière, spacieux comme les champs dorés, ingénieux comme l'eau qui se fraie un chemin. Il est peut-être d'essence féminine. Peu importe ce que j'en perçois ou ce que les autres en perçoivent, nous n'en saisissons qu'une infime partie. Personne n'en détient le monopole.

J'ai déjà sauté en *bungee*. Alors que je n'ai osé le défi qu'une fois, ma sœur, elle, faisait des sauts de démonstration. En un été, elle a fait plus de 100 plongées dans le vide. Je détaille mon unique saut ainsi : « Une frousse inoubliable, presque traumatisante et des douleurs au dos pendant quelques jours. » Ma cadette l'explique autrement : «Du plaisir, du défi et un excellent exercice d'étirement pour le corps!» Deux façons de décrire la même expérience. Qui a raison? Qui a tort?

Le mot *Dieu* n'est pas une appellation d'origine contrôlée. Je me désole que les gens ne se donnent pas le droit de le redéfinir. Se sentant coincés dans une vision qui ne leur convient plus, ils le mettent aux oubliettes et renoncent à l'appel de l'intériorité. À cause de leur éducation, certains le voient même comme un obstacle, une menace ou une contravention. Eh bien, il est possible de contester cette contravention. On peut aller au tribunal de l'humanité et clamer : «Je ne veux plus de cette perception de Dieu que vous m'avez inculquée!»

Quel que soit le nom qu'on lui donne, Dieu s'en moque éperdument. Certes, nous avons besoin de nommer, de dire ce qu'il est pour le rendre concevable à notre esprit. Mais il pourrait être une marque sans nom que cela lui serait égal. Ça ne change rien à ce qu'il est. Plus novateur que la nouveauté elle-même, il ne saurait s'offusquer que nous cherchions à la redécouvrir, à le redéfinir. Lui, l'inconcevable, n'a pas fini de nous surprendre!

•••

3.
À BAS LES CROYANCES !

Entre croyances et foi, une importante distinction

> « Nombreux sont ceux qui montent la garde auprès de leurs idées
> parce qu'ils veulent protéger leurs systèmes de pensée tels qu'ils
> sont, et parce qu'apprendre signifie changer. »
>
> *Un cours en miracles*, p. 56

J'ai cru que le nom que je donnais à Dieu était important. J'ai cru
que certaines prières étaient plus valables que d'autres. J'ai cru en
la réincarnation et ensuite à la résurrection. J'ai cru que le Mal
était puissant. Puis, j'ai cru que l'Amour avait déjà gagné.

Croire, n'est-ce pas le fondement de toute vie spirituelle ? Il y
a cependant deux façons de croire : avoir des « croyances » et avoir
la « foi ».

« Croyances » et « foi » sont deux choses distinctes. On peut
très bien avoir la foi sans avoir de croyances précises ou sans faire
partie d'aucune religion. Les croyances (incluant aussi toute forme
de loi ou de commandement d'ordre religieux) ne devraient jamais
être considérées comme une finalité. Elles ne sont que des tuteurs,
des guides qui contribuent à notre croissance. Elles font appel à

la raison et servent à justifier nos actes ainsi que nos comportements. Parfois, elles deviennent des bâtons dans les roues, nous empêchant d'avancer et d'évoluer.

Lors de ma première retraite fermée dans un centre de prière chrétien, j'étais jeune adulte et je cherchais des réponses à mes questions existentielles. À cette époque, ma fascination pour le Nouvel Âge et les phénomènes ésotériques était manifeste. Quand j'ai mis les pieds dans ce lieu très catholique, on m'a fait savoir que mes croyances étaient malsaines, particulièrement ma croyance en la réincarnation, qui est aux antipodes de la résurrection. Offusquée, je m'obstinais à leur démontrer que j'avais raison. Il s'agissait d'un combat de croyances, tant de leur côté que du mien. Selon les membres de cette communauté, je devais trouver la foi.

Après quelques échanges corsés, j'ai finalement accepté de rencontrer un prêtre et notre bref entretien fut percutant. Je lui ai posé une question : « Vous me parlez de foi, mais ce concept est trop abstrait. Comment voulez-vous que j'aie la foi alors que je n'arrive pas à comprendre ce que c'est ? » Il enchaîna avec douceur : « La foi c'est une affaire de CŒUR. Cela n'a rien à voir avec ta tête, ce n'est pas un effort intellectuel. C'est quelque chose qui se vit avec le cœur. »

Voici une nuance considérable : on ne décide pas d'avoir la foi, car elle découle d'une expérience et non du fait d'avoir des croyances sur Dieu. Autrement dit, les théories, les préceptes et les principes spirituels propagent des croyances, mais ne donnent pas nécessairement la foi. Alors, il y a un immense fossé qui sépare ceux qui vivent de croyances et ceux qui vivent de foi.

Je définis la FOI comme un déclic du cœur provenant souvent d'une expérience personnelle. Il s'agit d'un mouvement de l'être profond qui ressent, qui constate, sans pouvoir l'expliquer.

Elle implique le doute. En d'autres mots, elle fait place aux zones grises où les réponses ne sont pas toutes données à l'avance, où il n'y a pas d'exégèses efficaces à 100 %. Alors dans nos certitudes les plus fortes, subsiste une part de mystère et d'inexpliqué. Impossible de s'enorgueillir de posséder la vérité! Au contraire, le respect et l'ouverture règnent, avec la douceur d'une brise légère. La foi pourrait mener quelqu'un jusqu'à donner sa vie, mais jamais pour la loi ou les préceptes, seulement pour un autre être humain. Un Dieu pétri de foi est vivant et animé.

Les CROYANCES, elles, sont prêtes à aller au front et à faire la guerre! Se battre au nom de Dieu, mourir s'il le faut. Dans cet univers, tout est noir ou blanc et tout s'explique de façon incontestable. On y fait régner l'ordre et la justice. Par exemple : « Tu dois suivre tel commandement ou telle loi, sinon tu seras damné! » C'est clair, net et précis, sans ambiguïté. La compassion n'est pas la bienvenue et le jugement sur l'autre trop facile. Souvent, la croyance est prête à sacrifier un individu pour le bien de la collectivité. On s'y croirait parfois comme au temps des bûchers. Un Dieu fait de croyances est statique et inerte.

Les croyances et la foi s'entremêlent en moi. Ce n'est jamais tout l'un ou tout l'autre. Et ces deux façons de croire ne se limitent pas qu'à ma relation à Dieu, non! Dans ma perception des autres, de la famille, du travail, du monde, je vis de croyances et de foi. Les croyances qui m'ont été inculquées par mes parents, par l'école, par la société. La foi que j'ai développée en moi-même, en la vie, en l'autre et cela au fil de mes expériences.

À plusieurs reprises dans mon cheminement spirituel et humain, j'ai dû abandonner des concepts et des principes qui m'avaient pourtant été bénéfiques jusque-là. À un moment, ils m'empêchaient de vivre une nouvelle expérience avec mon cœur parce que j'étais trop *dans ma tête*. Dans les moments d'impasse, ma prière a toujours été la même : « Mon Dieu, je lâche prise sur mes croyances actuelles si elles nuisent à mon épanouissement. Je t'ouvre mon cœur et je suis prête à vivre une nouvelle expérience ! »

Une spiritualité RAFRAÎCHISSANTE n'est pas faite que d'oasis, elle comporte aussi des déserts. Des temps arides où nous devons remettre nos croyances en question. Souvent, la sécheresse se prolonge inutilement à cause de notre entêtement à maintenir nos idées et nos principes. Mais garder une croyance simplement parce que c'est « comme ça » ou parce que c'est « sacré », n'est-ce pas agir comme un robot ? Refuser de mettre le cap sur le changement, c'est priver notre âme d'eau fraîche. Cela revient à pétrifier notre vie intérieure.

Récemment, j'ai remarqué que mes croyances ont toujours entretenu une forme de peur en moi. J'ai longtemps cru inconsciemment que si je ne leur obéissais pas, un « malheur » m'arriverait. Quand je croyais à la réincarnation, je faisais attention à mes actes par crainte de me créer un mauvais karma. Quand je suis revenue au catholicisme, je respectais les commandements par crainte de pécher et de déplaire à Dieu. Quand j'ai adhéré au conscient positif, j'ai écarté de ma vie les gens défaitistes par crainte que leur négativisme ne me nuise. Quand j'ai embrassé la loi de l'attraction, je me suis mise à surveiller mes pensées par crainte de produire des effets indésirables dans ma vie.

Je suis passée de l'austérité du catholicisme à l'abondance de la loi de l'attraction. Mais est-ce vraiment une évolution ? Car toutes ces théories empêchent mon âme de se détendre et me gardent dans une forme de dualité, de résistance. Pourtant, ce n'est pas du tout l'effet que je recherche.

Plus j'avance, plus mon âme s'écrie : « À bas les croyances ! »
Je ne peux plus m'empêcher de questionner leur validité. Avant,
elles étaient une sécurité. Je les prêchais, je les exposais et les défen-
dais avec conviction. Je pouvais en parler pendant des heures !
Maintenant, je les observe et j'évalue leurs retombées dans mon
quotidien. Est-ce qu'elles me poussent à aimer l'autre ou à le juger ?
Est-ce qu'elles provoquent de la souplesse ou de la rigidité en
moi ? Est-ce qu'elles me donnent des ailes ou sont-elles un bou-
let ? Surtout, je sais qu'elles ne sont que de passage. Il se pourrait
bien qu'un jour, je n'en ai plus besoin.

Dieu se moque des croyances spirituelles que nous entretenons. Il cherche même à se déloger des statues et des traditions
dans lesquelles nous l'avons cimenté. Ce qu'il veut, c'est une terre
vierge de toute idée préconçue à son sujet. Si les croyances permettent de grandir intérieurement, elles seront toujours réductrices
en soi. C'est pourquoi elles s'effacent et finissent par tirer leur
révérence. Il ne reste alors qu'un espace vacant où l'on peut faire
l'expérience du divin, sans aucune restriction.

•••

4.
EXPÉRIENCE DEMANDÉE
La puissance de l'expérience spirituelle

« La révélation est intensément personnelle et ne saurait être traduite de façon signifiante. C'est pourquoi toute tentative pour la décrire en mots est impossible. »

Un cours en miracles, p. 7

Ce ne sont pas mes croyances qui font que j'avance dans mon cheminement intérieur. Ce sont mes expériences. Celles-ci me vivifient et me permettent d'entrer en contact avec quelque chose de plus grand que moi, en moi, qui est aussi moi. Je me rends compte que ma spiritualité en est devenue une d'expérience. Elle repose de moins en moins sur des vérités reçues, mais davantage sur cette impulsion du cœur appelée la foi.

Étonnamment, cette transition de ma tête au cœur se fait aussi sur d'autres plans. Je me souviens très bien du jour où j'ai statué sur ce que je valais au plan professionnel. Avant cela, je savais *avec ma tête* que j'étais compétente, mais comme je ne le savais pas avec mon être profond, j'étais hésitante dans tout ce que j'entreprenais. Puis un jour, le mouvement de ma raison a basculé. Tout à coup, j'étais convaincue de ma valeur. Un point de non-retour duquel est née la foi en mes capacités. À partir de ce moment, mes désirs côté carrière se sont définis et cela a modifié à jamais mon parcours professionnel.

Des expériences de tout genre s'imposent à nous à travers les événements du quotidien, qu'elles soient heureuses ou malheureuses. Les leçons et les constats sont là, il n'en tient qu'à nous de les saisir. Dans certains cas, on manifeste de l'ouverture ; d'autres fois, la prise de conscience se fait durement parce qu'on est acculé au pied du mur. Soit on accepte de croître, soit on s'enfonce.

Notre dimension spirituelle est stimulée de la même façon, c'est-à-dire au fil de tout ce que nous expérimentons. Mais puisque nous sommes absorbés par ce qui est extérieur à nous, nous prêtons peu d'attention à la réalité de notre vie intérieure. Nous pensons qu'elle n'est pas importante parce qu'intangible. Quand un instant de grâce passe ou qu'un sentiment mystique germe, il peut sembler plus facile d'en faire fi : « Ah je me fais des idées, tout ça est dans mon imagination, je suis en train de fabuler. »

Un ami me racontait que dans un moment de grande tristesse, il a eu l'idée d'invoquer l'aide de Dieu. En peine d'amour, il souhaitait ardemment trouver la bonne personne pour lui. Tout à coup, il a senti la présence de son grand-père décédé depuis quelques années. La sensation fut si forte qu'il a juré qu'une main s'était posée sur son épaule. Il n'y avait bien sûr personne d'autre dans la pièce. Du coup, cet ami a repris courage et quelques mois plus tard, il rencontrait enfin l'âme sœur.

Qui suis-je pour dire que cette expérience est absurde ? Comment puis-je valider ou sanctionner ce qu'il a vécu ? L'expérience spirituelle ne se conteste ni ne se démontre. Elle est véridique pour quiconque en est habité et personne ne peut en juger l'authenticité. S'il y a un lieu où le libre arbitre s'impose, c'est bien au-dedans de soi. Dans notre espace intérieur, les frontières du concret s'évanouissent pour laisser place à d'autres sens tels que l'intuition, la clairvoyance, l'inspiration. On nage en pleine absence de vérifiable et de quantifiable.

Très souvent, les gens m'ont demandé : «Comment puis-je savoir si Dieu existe ?» Ma réponse se veut toujours la même : «Eh bien, pose la question à Dieu lui-même ! Dis-lui que si jamais il existe, tu es ouvert à vivre une expérience spirituelle. Que risques-tu ?»

À 22 ans, je n'avais plus rien à perdre. Ma tête était pleine de grandes théories, mais mon cœur, lui, était dur et froid. Jusque-là, je vivais surtout de croyances plutôt que de foi. Ma spiritualité reposait sur des explications irréfutables. Par exemple, j'expliquais l'état d'un enfant handicapé par le cycle des réincarnations. «Bah, c'est son karma !» Je tremble juste à penser à ces terribles jugements que je posais sur les autres.

Dans *L'effet Popcorn, Tome 1*[1], je parle de ma «conversion», c'est-à-dire de ce retournement de tout mon être sur le plan spirituel. En fait, ce n'était rien d'autre qu'une expérience foudroyante vécue au cours d'une retraite spirituelle. La principale raison m'ayant poussée à faire escale pour cinq jours dans un centre catholique se résume simplement : je n'étais pas heureuse. Depuis que j'avais mis un terme à une grossesse non désirée, ma sensation de vide intérieur avait augmenté de façon exponentielle.

Quelques semaines avant ma retraite, j'avais lancé un appel à l'aide à l'Univers. Des mots gribouillés sur un bout de papier que j'ai ensuite fait partir en fumée vers le firmament. Ma démarche se voulait sincère, vraie, authentique. Aujourd'hui, je pourrais dire qu'elle était imprégnée de foi.

---

1. AREL, Marie-Josée et Julie VINCELETTE. *L'effet Popcorn*, Longueuil, Performance Édition, 2012.

Peu de temps après, une amie m'a parlé de ce centre de retraite. Lorsque j'ai téléphoné pour m'y inscrire, la réceptionniste m'a expliqué que je devais remplir un questionnaire papier. Puisque nous étions à dix jours du début de la retraite, elle a accepté que je m'y soumette par téléphone. Ce n'est que beaucoup plus tard que j'ai compris que le fameux questionnaire permettait de sélectionner les candidats. Seuls les gens à la pratique chrétienne assidue étaient acceptés à ce type de ressourcement. Or, ce n'était pas mon cas. Jamais je n'aurais dû être admise, mais mon dossier a échappé à la vigilance des responsables. Une erreur de leur part qui fut un cadeau du ciel pour moi.

En mettant les pieds dans ce centre, un soir de janvier 1995, j'étais loin de me douter de ce qui m'y attendait. Je me souviens avoir été touchée par le bien-être qui se dégageait de certains membres de ce groupe. Ils semblaient être porteurs d'un bonheur que je m'évertuais à trouver. Dès le deuxième jour de cette retraite qui se déroulait en majeure partie dans le silence, j'ai commencé à expérimenter un important bouleversement. Ma détresse intérieure m'est devenue insupportable et, dans ma chambre d'ermite, j'ai regardé le crucifix en suppliant : « Quelque chose en moi n'a jamais cessé de croire en toi. Si tu me redonnes la vie – parce que je me sens morte au-dedans – eh bien, je te donnerai la mienne en retour. »

Dans les heures qui ont suivi, j'ai expérimenté une forme d'illumination. Bien que ce soit difficile à décrire en mots, voici comment j'en fais le récit quand on me demande de le raconter.

Quelques heures après ma requête, sans que personne me parle, sans aucune lecture ou lavage de cerveau, j'ai su que Dieu existait. L'espace de quelques secondes, j'ai entendu mes propres battements de cœur comme s'ils provenaient de l'extérieur de mon corps et une voix a dit : « Je te ramène à la vie. » Une chaleur bienveillante m'a alors envahie de la tête aux pieds.

Les jours suivants, j'ai continué à expérimenter des phénomènes aussi intenses. Par exemple, des prières montaient spontanément en moi, des mots que je n'avais jamais pensé à prononcer. Tout me semblait plus lumineux au-dehors, les couleurs m'apparaissaient flamboyantes. Lorsque j'ai quitté le centre de retraite, je flottais et j'avais des étoiles plein les mirettes, comme lorsque l'on vit un coup de foudre. Mon frère m'avait même fait la remarque : « Tu as les yeux brillants, dis-moi as-tu fumé quelque chose ? » J'avais éclaté de rire !

Mes cellules ainsi que mes sens étaient pris par cette étrange grâce. Je me sentais heureuse, l'avenir m'apparaissait radieux comme si je venais de gagner le gros lot. Enfin, j'avais franchi la ligne d'arrivée de ma longue poursuite d'absolu des sept dernières années ! Surtout, j'avais trouvé la bonne voie dans la doctrine catholique. Terminés la quête et les tâtonnements infructueux, en moi s'élevait le désir de convertir les âmes à la puissance du Christ ressuscité ! Le sens à donner à mon existence était sans équivoque.

Je ne peux m'empêcher de sourire en citant mon désir brûlant de l'époque ainsi que mon sentiment d'avoir été sauvée de l'itinérance spirituelle. Ah, j'aurais dû savoir que cette révélation n'était pas un point d'arrivée, mais bien un point de départ.

J'ai agi comme une parvenue et mon erreur fut de faire de cette expérience un absolu. Plutôt que de la voir simplement comme le mouvement de la Vie en moi, je l'ai rendu statique. Alors que l'eau aurait dû continuer à couler sous le pont, j'ai dressé un barrage pour retenir Dieu, ou du moins la conception de Dieu que je m'étais forgée à ce moment-là. Je l'ai cristallisé dans la vision chrétienne catholique qui contenait, à mon avis, « la » vérité.

Une spiritualité VIVANTE consiste à accueillir la révélation, sans pour autant en faire quelque chose de définitif, d'absolu. L'âme demeure fringante si elle poursuit son exploration. Car nos conceptions actuelles ne sont qu'un tremplin vers un autre dévoilement.

L'expérience spirituelle ne démontre aucune vérité sur Dieu. C'est plutôt nous qu'elle met en lumière. Elle nous appelle à devenir ce que nous sommes réellement. Le contact avec le divin nous dévoile notre force et notre potentiel. C'est un moteur puissant qui génère des changements dans nos perceptions, nos comportements, nos attitudes. Et une fois que nous en avons tiré les apprentissages, il faut s'en détacher et redevenir une aire libre, où d'autres expériences pourront prendre lieu.

C'est comme le régime que l'on expérimente pour maigrir et remodeler notre corps. Une fois le poids idéal atteint, il faut le délaisser et s'ouvrir à de nouvelles habitudes alimentaires saines et équilibrées.

Même si cette révélation fut l'une des plus puissantes de ma vie, je sais que Dieu s'en moque. Lui, la Présence, avait toujours été là. Que je le veuille ou non, je baigne dedans, je le respire, j'en fais l'expérience sans même m'en rendre compte. Parfois, je le ressens physiquement ou émotionnellement ; mais, règle générale, aucune sensation ne l'accompagne.

Pour quiconque veut progresser avec allégresse sur le chemin de la vie intérieure, l'expérimentation est requise. La bonne nouvelle, c'est que l'expérience spirituelle est à portée de main. Si ça se trouve, elle est même déjà en cours.

•••

5.
SALUT OU EMBUSCADE

Cheminer spirituellement sans perdre son âme

« Tu es digne d'amour. »

Un cours en miracles, p. 5

Dans mon nouvel entourage chrétien, nombreux furent ceux et celles qui ont envié l'intensité de ma conversion. Cela semblait aussi surréaliste que saint Paul, sur la route de Damase, à qui Jésus était apparu en disant : « Pourquoi me persécutes-tu ? » De là, Paul avait viré son capot de bord et s'était mis à faire la promotion du Christ.

À la manière d'un coup de foudre, mon être fut chamboulé par ma rencontre personnelle avec Dieu. Je ne savais plus comment aborder le quotidien. Une fois rentrée chez moi, après ma courte retraite, j'ai accroché au mur de ma chambre des images religieuses et je me suis procurée une Bible. Ma colocataire du moment fut très surprise de cette affirmation que j'ai maintes fois répété : « J'ai rencontré Jésus ! » N'eût été du fait que nous nous connaissions depuis l'enfance, elle m'aurait traînée à l'hôpital pour une consultation en psychiatrie !

Ce sont les seuls mots qui pouvaient résumer ce que je vivais. Mes proches ont sûrement cru que j'avais perdu la tête. Mais je voulais qu'ils comprennent les changements majeurs qui s'opéraient dans mes comportements. Comment justifier ma soudaine décision de vivre la chasteté ? Comment expliquer mon besoin de prier et d'aller dans les églises ? Même ma façon de me vêtir n'était plus la même… pas simple à saisir pour mes copines !

Malgré mon impression d'avoir trouvé la voie du salut, j'étais complètement désorientée. Mes repères habituels ne tenaient plus la route. Je me sentais appelée à changer de vie, mais j'ignorais comment m'y prendre. Et qui pouvait réellement me conseiller ?

À vrai dire, j'aurais eu besoin d'un coach en spiritualité, quelqu'un capable de calmer mes ardeurs et de remettre de la perspective dans ma situation. Je parle ici d'une personne compétente, objective et peut-être même formée académiquement pour aider les gens à bien cheminer. Il m'aurait été nécessaire de décanter mon voyage intérieur et de reprendre mes activités normales rapidement. Intégrer la volte-face de mon esprit au terre à terre du quotidien. J'avais beau feuilleter le bottin téléphonique, aucun spécialiste de l'expérience spirituelle ne s'y trouvait.

Alors, je me suis tournée vers la communauté auprès de laquelle j'avais vécu ma retraite mémorable de cinq jours. Les membres avaient assisté à ma conversion et puisqu'ils étaient au service de Dieu depuis des années, ils semblaient détenir la compétence de pouvoir m'aider. J'ai frappé à leur porte et l'on m'a proposé de m'impliquer comme bénévole au cours des sessions de ressourcement. Comme il s'agissait d'un gros centre pouvant accueillir jusqu'à deux cents personnes pour plusieurs jours, mon aide était la bienvenue. J'ai donc commencé à œuvrer à la cuisine ainsi qu'à l'entretien ménager, à raison de trois jours par semaine.

«Mon Dieu, que veux-tu que je fasse?» Telle était ma question, ma prière, ma supplication. J'étais célibataire, en réorientation côté emploi, sans trop d'obligations financières. J'avais la liberté de choisir.

J'étais la plus jeune bénévole et ma belle énergie a rapidement gagné tout le monde. Mes parents m'ont enseigné à donner le meilleur de moi. J'avais du cœur à l'ouvrage ainsi qu'une assiduité qui ne laissait personne indifférent. On me faisait des allusions sur le fait que j'étais privilégiée du Bon Dieu, que la puissance de ma conversion me rendait unique. Lentement, j'ai commencé à croire que j'étais peut-être «choisie», «élue». Après tout, il fallait bien que je lise les signes! Une révélation aussi importante n'allait-elle pas de pair avec un engagement hors du commun? D'autant plus que cela résonnait avec mon âme assoiffée d'absolu. J'eus quand même un choc quand un membre de la communauté me confia: «Je crois que tu es appelée à la vie consacrée.»

La panique s'est emparée de moi. Donner ma vie à Dieu? Renoncer à un homme et à une famille? Faire taire mes idées de grandeur ainsi que mes ambitions professionnelles? Non, non, ça ne pouvait pas être possible.

À mon questionnement spirituel se juxtaposaient mes lacunes. Ma faible estime personnelle, mon tempérament anxieux, ma conviction que l'autorité savait mieux que quiconque ce qui était bon pour moi. D'ailleurs, mon besoin de plaire l'emportait souvent dans mes décisions. Je ne m'aimais pas et, afin de pallier ce manque, j'avais besoin de la reconnaissance et de l'affection des autres. Pour ce faire, je m'adaptais à leurs besoins ainsi qu'à leurs désirs. Ma valeur dépendait du regard d'autrui.

J'ai longtemps vu mon entrée en religion comme un appel. Je me suis crue prédestinée parce qu'aimée par Dieu et par la communauté. Mon étonnante conversion semblait faire foi de tout pour mes supérieures. J'avais le profil, la jeunesse, le potentiel, n'étais-je pas la recrue idéale ? Pourtant, ces caractéristiques ne suffisent pas pour déterminer la direction que doit prendre toute une existence.

Ma carence affective était évidente. Si j'avais fait l'objet d'un véritable discernement vocationnel, on m'aurait renvoyée chez moi après quelques mois d'engagement en faisant le constat suivant : « Retourne dans le monde pendant un an, reprends ton quotidien et renforce ton estime personnelle. Après tu prendras une décision. »

Au lieu de cela, on m'a fait croire que le monde bousillerait ma vocation, que j'aurais à lutter pour garder la foi, qu'il valait mieux que je ne coure pas ce danger. Je ne voulais pas me perdre, alors quelle option s'offrait à moi ? J'étais consentante en me joignant à cette communauté, mais surtout ignorante de ce qu'était une vie spirituelle saine. Je n'ai pas su prendre une décision objective et éclairée.

Une vie intérieure ÉPANOUISSANTE implique d'avoir recours à ce que j'aime appeler « la sagesse des Anciens ». Demander conseil à des gens qui ont un parcours inspirant. Avoir différents avis, provenant de multiples écoles de pensée. Consulter la science des grands mystiques. Considérer que d'autres avenues sont possibles. Mûrir longuement chaque grande décision.

Je n'ai jamais regretté mon choix de devenir religieuse. Toutefois, il a continué à alimenter la fuite de moi-même. Incapable de faire face à mon potentiel, à mon identité propre, à mes rêves, à mes aspirations, je me suis trouvée le noble prétexte de servir dans une communauté. Étais-je consciente de mon état ? Pas du tout. Je m'offrais avec toute ma naïveté, ma bonne volonté, tout en demeurant le caméléon que j'avais toujours été.

Sans m'en rendre compte, je me suis leurrée. Mon besoin de reconnaissance a été comblé momentanément par le sentiment que je comptais pour Dieu et pour la communauté. J'avais de la valeur ! J'étais spéciale ! J'existais ! Avec toute l'impulsivité de ma vingtaine, j'en ai déduit rapidement que ce devait être ça « l'appel ».

Je n'étais pas faite pour la vie religieuse, et des événements m'ont permis de le comprendre après six années de totale consécration. Quand je suis partie, j'ai mis du temps à accepter que ma conversion ne signifiait rien. Elle n'était pas un signe de quoi que ce soit, elle n'était pas le présage d'une vocation. Tout comme elle ne faisait pas de moi un meilleur être humain ! Elle n'avait jamais été rien d'autre qu'une divine expérience d'Amour.

Les sectes, les séminaires de croissance personnelle, les fins de semaine de ressourcement, les centres holistiques abondent. Bien des individus y vivent des révélations divines profondes et se croient tout à coup uniques, élus, bénis, spéciaux. Ils interprètent leur expérience comme un mécanisme de purification et de sanctification, ils méritent enfin d'être aimés ! Leur besoin fondamental de reconnaissance trouve une réponse. Et ils s'offrent corps et âme, non pas à Dieu, mais à un groupe, à une croyance, à une philosophie.

Une expérience spirituelle ne fait pas de nous une nouvelle personne aux yeux de Dieu. Nous sommes déjà saints, purs, irréprochables dans notre essence, et il nous estime hautement ! Il se moque de notre sentiment d'avoir soudainement de la valeur.

Nous sommes dignes d'amour et les doutes que nous entretenons face à cette réalité ont toujours été dans notre esprit à nous, pas dans le sien…

Quand on adhère à une spiritualité ou à un groupe religieux, quand on décide de s'y engager sérieusement, on doit se poser une question essentielle : « Est-ce parce que ça résonne *vrai* en moi ou est-ce parce que je me sens reconnu, valorisé, spécial ? » Quand c'est le besoin de reconnaissance qui prédomine, ce qui se voulait une expérience de salut peut devenir une embuscade. Autrement dit, nous devenons manipulables.

•••

6.

UN GPS POUR LE CIEL

La religion n'est pas le seul chemin

«Chaque petit don que tu fais à ton frère illumine le monde. Ne te soucie pas des ténèbres; détourne ton regard et porte-le sur ton frère.»

Un cours en miracles, p. 517

Pendant six ans, j'ai côtoyé intimement la religion. Elle m'a permis de poursuivre ma quête intérieure, elle m'a fait découvrir la splendeur de l'humanité, elle m'a appris à aimer et à pardonner. Elle a contribué à mon avancement.

En parallèle, j'ai constaté ses limites. Elle m'a retenue dans mon expansion spirituelle, elle m'a fait voir l'humain sous son pire jour, elle m'a incité à juger et à condamner. Elle a contribué à ma désillusion.

Je ne veux pas entrer dans le débat moral «pour ou contre la religion». À mon avis, c'est comme demander: «Pour ou contre le chocolat?» Eh bien, tout dépend de l'usage qu'on en fait!

Je ne souhaite pas non plus examiner les tenants et aboutissants de chaque religion. Si Mère Teresa, Gandhi, Martin Luther King, le Dalaï-Lama se retrouvaient à la même table, s'obstineraient-ils pour savoir qui possède la meilleure doctrine ? Je ne crois pas. Ils profiteraient plutôt de ce moment privilégié pour discuter de ce qu'ils ont en commun, de ce qui les unit.

Jeune adulte, après mes lectures à saveurs ésotériques, je me suis rebellée contre les religions. Je leur reprochais le fait qu'elles s'enrichissent et qu'elles aient du pouvoir, sans parler des scandales sexuels qui y sévissent. Quand je suis entrée en communauté, la religion est devenue mon repère et je me vouais aux principes du catholicisme. J'ai lu le Catéchisme de l'Église Catholique et je ne jurais que par lui. Ensuite, j'ai quitté la religion à cause d'une supérieure austère qui a dérapé, en proie à un *power trip*. Quand je suis partie, la communauté a mis une croix sur moi et m'a totalement exclue. Aux yeux de ces hommes et de ces femmes qui avaient été ma famille pendant six ans, je n'existais plus.

Ainsi délaissée, je possédais des raisons valables de me révolter contre la religion et de ne plus jamais remettre les pieds dans une église. Toutefois, plutôt que de laisser la rébellion gagner mon cœur, j'ai fait, comme plusieurs avant moi, un constat très libérateur : le problème ne vient pas des religions, mais de ce que l'homme en fait. « Où il y a de l'homme, il y a de l'hommerie ! », comme l'a bien énoncé Saint-François de Salles. Certains êtres abusent de leur pouvoir et d'autres s'en servent pour construire un monde meilleur. Malgré ma souffrance d'être rejetée par mon groupe d'appartenance, malgré la dureté de leur condamnation à mon égard, je savais que Dieu n'avait rien à voir dans cette histoire.

La religion n'est qu'un chemin, parmi tant d'autres, pour aller à Dieu. Elle n'est pas une finalité en soi. On peut très bien expérimenter le divin sans se vouer à une religion. Si l'on rêve parfois de les abolir, il n'y a probablement aucun peuple dans l'histoire de l'humanité qui ait vécu sans rites religieux quelconques, même s'il ne s'agissait que de l'animisme[1].

Bien qu'au XXIe siècle, ces grands courants perdent en popularité, les églises, les temples, les synagogues, les mosquées ont toujours pignon sur rue. Pour plusieurs, la spiritualité va de pair avec le phénomène de groupe. N'est-il pas vrai que la ferveur gagne en intensité lorsqu'on est plusieurs à l'exprimer, parce qu'on se sent plus solides *ensemble*? Et dans cette démarche collective, il faut bien un mode d'emploi, un code, un itinéraire pour aller à Dieu. Sans quoi ce serait le chaos! Alors on se réunit dans un lieu, on s'assoit les uns à côté des autres et on fixe le regard vers l'avant, attentif à l'enseignement prodigué. On se sent moins seul, en apparence.

Partager mon quotidien avec des personnes vouées à Dieu semblait sympa au départ. Mais au bout de quelques mois, après avoir pris part aux amitiés, aux tensions, aux situations de belle entraide et aux jeux de pouvoir, j'ai constaté que mes acolytes n'étaient pas des anges, mais bien des humains avec leurs qualités et leurs défauts. Une trentaine d'individus isolés dans un endroit, forcés à une proximité constante: n'obtient-on pas une télé-réalité pleine de rebondissements?

C'est en communauté que j'ai véritablement commencé à faire attention à l'autre. M'intéresser à ce qu'il ressentait a été l'un de mes plus grands apprentissages. Me taire pour écouter, faire briller,

---

1. Attitude religieuse très ancienne qui consiste à attribuer une âme aux choses, aux objets, aux forces de la nature.

poser des questions plus profondes, ne pas toujours parler de moi, être plus discrète. C'est un déclic qui s'est fait progressivement, à petite dose. J'ai dû reconsidérer ma façon d'entrer en relation. J'ai déposé les armes en cessant de me sentir menacée. Je me suis efforcée d'accepter l'autre tel quel. La communauté a eu un effet philanthropique sur ma personne.

Qu'est-ce qui motive un cheminement spirituel si ce n'est le désir de trouver et vivre l'Amour, dans son sens le plus universel ? Ce à quoi nous aspirons ne se trouve pas dans des livres, dans des prières interminables, dans des rituels laborieux. Il est dans chaque être humain que nous rencontrons, qu'il s'agisse de notre mari, de notre femme, de nos enfants, de nos collègues ou du garagiste.

Les croyants, de quelque confession qu'ils soient, considèrent la religion comme un GPS grâce aux enseignements, aux lois et aux textes sacrés. En suivant ces directives, ils se croient certains d'accéder à l'éternité. Mais ce qui conduit à Dieu, au sein d'une religion, ce ne sont pas les commandements ou la doctrine.

Le véritable GPS pour le Ciel, c'est l'*autre*!

Ce n'est pas la religion catholique qui m'a appris Dieu, que je considère comme le plus *peace and love* des hippies. C'est plutôt la *communauté* avec ses enjeux relationnels. Les querelles, les humiliations, les coups bas m'ont été nécessaires pour grandir. Il n'était pas toujours possible de fuir ceux et celles qui m'énervaient. Je ne pouvais pas me débarrasser instantanément des gens pessimistes ou aigris. Grâce à eux, je me suis entraînée à la générosité, à la tolérance ainsi qu'au pardon.

Avec le temps, j'ai compris que la fraternité consistait à ne pas charger les autres d'un fardeau émotif, affectif, humain, psychologique, etc. Que ma présence augmente leur *pouvoir personnel* sur leur propre existence. Il n'y a rien de plus individualiste que de laisser un être souffrant à lui-même et de l'abandonner sous ce poids écrasant. Certes, je ne peux le sauver, mais je peux alléger ses épaules et lui donner des ailes. L'altruisme se concrétise par ma volonté d'être un instrument de libération pour mes frères et sœurs.

Voici l'un des plus importants jalons d'**une vie spirituelle FLORISSANTE** : s'ouvrir aux autres. Sans cela, comment apprendre à aimer ? C'est grâce aux autres que j'ai découvert ceci : aimer est une décision qui ne vient pas nécessairement avec des sentiments. Et l'amour est rarement le point de départ, mais plutôt ce qui se construit au fil du temps.

J'ai opté pour une religion élargie, et la communauté que je fréquente est celle de tous les humains. Chaque jour, c'est l'autre qui est le lieu où je voue mon culte à Dieu, où j'en fais l'expérience, où je l'honore. Ma prière consiste en un accueil chaleureux, une écoute active, une bonne parole, un encouragement. Plutôt que d'avoir les mains jointes, je vis les bras grands ouverts.

En considérant le Ciel comme une destination ou un état à atteindre, s'ouvrir aux autres semble être le meilleur réglage pour notre GPS. Les doctrines, les commandements, les dogmes sont à double tranchant. Autant ils peuvent nous instruire, autant ils créent le jugement, faisant ainsi peser la condamnation sur autrui.

Dieu se moque des religions ou des philosophies spirituelles si celles-ci n'entraînent pas la communion entre les humains qui les pratiquent. Un de ses messagers, Jésus, a expliqué que le but n'était pas d'abolir la loi, mais de l'accomplir. Et l'accomplissement de la loi, de la doctrine, du culte, c'est l'amour (Rom 13,10).

•••

7.
MYSTÈRE ET BOULE DE GOMME
Trop d'analyse paralyse

....

« Chaque fois que tu te rends pleinement compte que tu ne connais pas, la paix reviendra. »

Un cours en miracles, p. 320

....

Si l'Amour semble être au cœur de plusieurs doctrines religieuses, une autre notion y est très populaire: celle du *mystère*. Pour la femme moderne que je suis, je me demande si ce mot existait dans le dictionnaire de mon éducation. Ne suis-je pas la résultante d'une société où les sarraus blancs des scientifiques font foi de tout? Il suffit de regarder les messages publicitaires à la télévision pour constater leur omnipotence. On dirait une secte qui s'est infiltrée dans la vente de tous les produits possibles, que ce soit le détergent à lessive, la nourriture pour chiens, les voitures, le dentifrice, etc.

J'ai encore en mémoire mes premiers questionnements existentiels, qui sont venus avec l'adolescence. En franchissant cette étape de la vie, la dimension mystique de mon être s'est réveillée. Des problématiques ont surgi de nulle part: « Pourquoi suis-je sur la terre ? Dieu existe-t-il ? Quel est le sens de ma vie ? Y a-t-il quelque chose après la mort ? Pourquoi tant d'injustice en ce monde ? »

À 15 ans, j'étais bien seule avec mes interrogations. Puisque je fréquentais une école privée pour filles tenue par des religieuses, je bombardais les enseignantes de questions. Que de discussions enflammées sous le regard amusé de mes copines !

J'étais persuadée qu'il y avait des explications rationnelles et qu'il ne me suffisait que de les trouver. J'ai cru que la spiritualité pouvait se régler aussi simplement que des mathématiques. « Accepter le mystère », comme me le disaient certains adultes, n'était pas une option. À vrai dire, je les trouvais un peu niais de se contenter de cette explication.

Alors, j'ai entamé ma croisade. J'ai lu toutes sortes de livres afin de trouver des réponses à mes questions. J'ai amalgamé des éléments de différentes religions et philosophies afin de me concocter une *spiritualité à la carte*. Puisque la table d'hôte de ma religion ne me satisfaisait pas, j'ai parcouru le menu et je me suis fait mon propre cinq services, voire carrément un buffet.

C'est inouï, j'avais une réponse logique pour toute question d'ordre spirituel. Encore aujourd'hui, je me demande comment j'ai pu emmagasiner autant d'informations. J'étais une espèce d'encyclopédie qui pouvait déblatérer de longues minutes sur la réincarnation, le karma, la mort, le bien, le mal et tant d'autres sujets. Jamais je ne me contentais de répondre : « Je ne sais pas. » Je faisais mes recherches afin de résoudre toute forme d'énigme. Parfois, mes raisonnements s'avéraient désordonnés ; je préférais cependant une réponse obscure plutôt que de m'avouer : « C'est un mystère… »

Je n'avais pas une vie *spirituelle* à ce moment. J'avais une vie *intellectuelle*.

Je ne vivais pas de *foi*. Je vivais de *croyances*.

Je ne faisais pas une expérience du *cœur*. Je ne vivais que dans ma *tête*.

Mais, un jour, ma plate-forme d'explications et de questions insondables s'est alourdie au point où je ployais sous ce fardeau. Je me trouvais dans une spirale sans fin, je réfléchissais constamment. Ce que je considérais comme ma spiritualité n'avait rien d'excitant. En fait, c'était un véritable casse-tête!

Accepter le mystère fait partie des composantes d'**une vie spirituelle OPTIMALE**. C'est faire fausse route que de croire qu'il faille tout comprendre. Le fameux dicton «Trop d'analyse paralyse» s'applique aussi à notre vie intérieure.

Vouloir tout expliquer avait décuplé mon tempérament inquiet et angoissé. Pour que mon âme retrouve de sa vigueur, j'ai dû faire un saut dans le vide. Descendre en moi, entrer dans l'infini de mon être, faire face à un monde inconnu. Même si je pouvais encore saisir rationnellement certains aspects de Dieu, j'ai accepté qu'il échappe aussi à ma raison. Lentement, j'ai retrouvé une forme d'innocence.

Il y a quelques années, dans l'élan de ma candeur, je me suis initiée à la méthode du Ho'oponopono popularisée par le Dr Ihaleakala Hew Len. La pratique est simple et consiste à dire quatre courtes affirmations: «Je suis désolé, pardonne-moi, je te remercie et je t'aime.» Lorsqu'il y a souffrance, maladie, tension, épreuve autour de nous, il suffit de répéter ce verset. Pourquoi?

En fait, plus que la raison, ce sont les retombées qui m'importent. Et le Dr Hew Len a réhabilité un étage complet de psychiatrisés grâce à cette pratique[1].

La simplicité de cette technique m'interpellait et je me suis rendue à Boston pour un séminaire sur le sujet. Les participants relançaient le Dr Hew Len par des questions et des mises en situation : « Comment ça fonctionne ? À qui exprime-t-on ces phrases ? Pour quelles raisons faut-il demander pardon ? Faut-il le dire à voix haute ? »

Naturellement, il a décortiqué la méthode tout en répétant que notre compréhension de la démarche n'influençait pas les résultats. Il a extrapolé en disant que notre cerveau ne capte qu'une infime partie de l'information dont il est bombardé. Que même si nous croyons contrôler les choses, nous n'avons aucune idée de ce qui se passe. Il a conclu en disant : *Just do it !* (Faites-le !)

Le Ho'oponopono fait partie de ma pratique spirituelle. Que cette méthode fonctionne relève du mystère. Au-delà des explications du Dr Hew Len, comment prouver que l'amélioration de ma santé ou de ma situation professionnelle provient du fait que je répète ce mantra ? Aucun professionnel ne voudrait écrire sur son rapport : « Je confirme que le rétablissement de Marie-Josée provient du fait qu'elle prononce plusieurs fois par jour les mots *je t'aime* » !

En vieillissant, je constate la quantité d'éléments hors de mon contrôle. Je réalise aussi que la vie intérieure de l'humain comporte une part de mystère. Même la psychanalyse la plus poussée se rivera toujours à des éléments incompréhensibles. J'ai renoncé à vouloir tout comprendre.

---

1. VITALE, Joe. *Zéro Limite*, Québec, Le Dauphin Blanc, 2008.

Je pense souvent à mes grands-parents, qui sont nés au début du XXe siècle. Ils n'avaient pas les moyens, les réponses ainsi que la science que nous détenons aujourd'hui. Pourtant, ils ont eu une existence heureuse. Et je soupçonne que c'est parce qu'ils savaient s'incliner devant les circonstances et accepter le cours des événements tels qu'ils se présentaient à eux. Ils ne cherchaient pas le *pourquoi du comment* du mauvais temps, ils agissaient pour sauver les récoltes. Ils contrôlaient ce qu'ils pouvaient et c'était bien peu comparé à nous. Mais ils ont appris qu'ils n'étaient pas maîtres absolus en ce monde et que tant de choses échappent à l'humain. N'est-ce pas là une grande forme de sagesse ?

De mes vingt-cinq dernières années de cheminement, je retire une importante leçon d'humilité. La dimension spirituelle n'est-elle pas très floue ? Dans ce lieu où l'invisible prédomine, existe-t-il un savoir absolu ? Qui peut prétendre avoir les bonnes réponses ? Mystère et boule de gomme ! Ma foi ne me fournit pas toutes les explications. Mes croyances ne peuvent solutionner tous les problèmes. Parfois, je suis totalement impuissante et je dois me résoudre aux circonstances avec patience. Il ne me reste qu'à prier en silence pour trouver l'apaisement.

Dans notre univers spirituel contemporain, nombreux sont les maîtres ainsi que les orateurs publics. Quelle belle avancée pour l'humanité que cet intérêt populaire pour le cheminement intérieur ! Ma préférence va aux personnages qui admettent ne pas avoir toutes les réponses et qui sont capables de dire : « Je ne sais pas. » Ceux et celles qui offrent des explications en respectant le mystère qui enveloppe chaque être humain.

Dieu se moque de nos connaissances ainsi que de notre savoir à son sujet. Son essence se veut une invitation à la légèreté. Défenseur de la simplicité et résident permanent des cœurs purs, il n'est pas une description dans un dictionnaire ou une encyclopédie. *Il est*, sans plus.

•••

8.
OÙ EST CHARLIE ?

Chercher à l'intérieur autant qu'à l'extérieur de soi

....

« Nul ne peut échouer qui cherche vraiment la paix de Dieu. »

Un cours en miracles, p. 362

....

Quand on cherche Dieu, on commence souvent à l'extérieur de soi. On reconnaît qu'*il est* dans la beauté de la nature ainsi que dans l'abondance qui nous environne. On lit des livres à son sujet, on s'associe à une religion ou à un groupe, on se rend dans un lieu particulier afin de le prier. Il ne nous vient pas tout de suite à l'idée qu'il puisse être à l'intérieur de nous, ou même qu'il puisse être nous.

Avoir été informée dès le départ que l'objet de ma convoitise pouvait se trouver en moi m'aurait évité bien des détours. Il m'a fallu plusieurs expériences pour saisir que le Ciel, l'état de béatitude et de parfait amour que représente Dieu, réside aussi au centre de mon être. Mais sans mes nombreux zigzags, ma recherche serait peut-être moins étoffée, et mon expérience, incomplète.

Depuis des siècles, on nous laisse croire que nous sommes pécheurs, misérables, faibles. Selon plusieurs doctrines religieuses, nous avons besoin d'être sauvés, car nous sommes perdus. Pire, la condamnation plane sur nos têtes comme une épée de Damoclès. Donc, c'est avec cette conception de l'humain que j'ai amorcé ma quête. Et puisqu'il y avait du *mauvais* en moi, ne devenais-je pas le dernier endroit où chercher Dieu ?

Lors de mes années comme consacrée, j'ai fait miennes toutes les croyances de la bannière chrétienne catholique. Tel qu'expliqué dans les précédents chapitres, je ne différenciais pas *foi* et *croyances* à ce moment, et il allait de soi d'endosser les convictions du groupe dont je faisais partie. Or, le système de pensée dans lequel je baignais me rendait totalement indigne de Dieu. Sans même ouvrir la bouche ou poser une action, je me trouvais fautive par le simple fait d'être née.

Puisque l'environnement de la communauté soutenait ces croyances, je suis devenue ma propre ennemie et j'ai développé du mépris envers ma personne. La guerre fut déclarée à la pécheresse que j'étais. Les probabilités de reconnaître le divin en moi ont chuté de façon draconienne. J'ai continué à le chercher comme je l'avais toujours fait, c'est-à-dire au-dehors de mon être. Il devait sûrement être dans l'obéissance aux règlements et aux principes de la communauté ! J'en ai déduit qu'une observation scrupuleuse de ceux-ci me conduirait à Dieu.

Après trois ans de vie consacrée, une nouvelle directrice a raffermi les règles communautaires. Mes idées, mes projets, mes relations, mon courrier étaient passés au peigne fin. Tout exigeait une approbation de sa part, même la coupe de mes cheveux, la couleur de mes sous-vêtements ou le choix d'un chiropraticien.

Je devais être plus sainte, plus parfaite. Je ne devais surtout pas tomber dans les griffes du diable, en cédant à des tentations telles que trop sourire à un homme ou développer une grande amitié. Dans ma recherche du divin, je tentais de devenir une autre personne. Je me suis soumise à tout ce que l'on exigeait. Parce que j'avais fait vœu d'obéissance, j'ai cru que le jugement de ma supérieure reflétait ce que Dieu pensait de moi.

Au bout de plusieurs mois de ce régime, je me suis rebellée. J'ai commencé à questionner ouvertement certaines règles et les membres du conseil de direction n'ont pas apprécié. L'étau s'est resserré. Selon eux, j'étais en état de perdition et Satan voulait m'arracher à Dieu. La pression est devenue si forte que mon corps a flanché : maigreur, insomnie, hyperactivité, aménorrhée. Dans un éclair de lucidité, j'ai lancé un SOS à mes parents, qui cachaient mal leur inquiétude. Ma sortie de communauté a pris des allures de roman policier : je me suis enfuie dans une froide journée d'hiver.

Si mes trois premières années en religion me furent bénéfiques, je peux affirmer que les trois dernières années relevaient du lavage de cerveau. Quand j'ai réintégré le monde, en allant vivre chez ma mère, j'étais déconnectée de mon être profond. Pendant six mois, j'ai vécu comme un robot. Je recevais de l'aide sociale et, n'eût été de ma famille ainsi que de mes amis qui m'ont épaulée à cette époque, j'ignore quel serait mon état aujourd'hui.

J'ai rapidement recommencé à prier avec les outils que j'utilisais en communauté. Mais je me suis rendu compte que je n'avais plus de relation personnelle avec Dieu. Au fil des ans, la communauté avait envahi mon intimité spirituelle.

Comme bien des gens fréquentant des groupes religieux, j'avais vécu une spiritualité où Dieu m'était extérieur. Je le cherchais et je l'abordais comme s'il ne résidait que dans le communautaire. Et lentement, la voix de mes leaders a couvert celle de Dieu, jusqu'à ce qu'elle se confonde avec elle. Tout ce que ma supérieure disait me semblait être une instruction divine. J'ai déserté mon jardin intérieur pour ne cultiver que celui de la communauté. À mon insu, j'ai perdu de vue mon bien-aimé.

Il m'aurait fallu quitter cette communauté plus tôt, quand ma conscience a commencé à me donner des avertissements clairs. Au contraire, je la faisais taire, car je ne voulais pas déroger au protocole. Ma petite voix intérieure a respecté mon choix et elle s'est faite discrète. J'ai préféré toucher le fond, risquer ma santé mentale et physique. Ce que ma supérieure interprétait comme un processus de purification, où je devenais une pâte malléable dans la main de Dieu, n'était qu'une forme d'autodestruction de ma part.

Néanmoins, j'ai tiré un précieux enseignement de cet épisode. **Une vie spirituelle ENRICHISSANTE** laisse une grande place à l'autonomie. Prendre soin de notre relation personnelle avec Dieu et veiller à son évolution. Renoncer à l'approbation des autres. Trouver nos propres réponses. Assumer notre perception du divin. Ne jamais laisser un individu, un groupe, une croyance, une doctrine s'interposer entre nous et notre conscience.

Il faut maintenir un équilibre entre la démarche individuelle et la démarche collective. Une spiritualité communautaire vécue au détriment de la relation intime à Dieu nous déconnecte de notre essence. À l'inverse, une vie spirituelle en solitaire peut provoquer une forme de nombrilisme où le *je-me-moi* prend trop d'espace.

Chercher le divin peut se faire partout et de bien des façons, que ce soit par des lectures, la consultation d'un mentor, l'adhésion à un groupe, le bénévolat, l'engagement pour une cause. J'ai tout à gagner de partager mon cheminement avec d'autres personnes puisque leur vision peut m'enrichir. La quête ne peut cependant n'être qu'au-dehors, elle doit aussi se faire dans un recueillement silencieux, comme s'il n'y avait que Dieu et soi au monde.

Religieuse, j'ai cru que mes besoins, mes opinions, mes intuitions devaient être conformes aux attentes de la communauté. Je ne me permettais pas d'exister dans un cœur-à-cœur avec Dieu. Mais cela a bien changé ! Au-delà des croyances et des opinions d'autrui, je privilégie maintenant nos conversations intimes. Souvent je lui demande : « Et nous, Dieu, qu'est-ce qu'on en pense de tout ça ? » J'écoute sa réponse qui provient de ma conscience, de sa présence, du UN que nous formons.

Un bel exemple d'équilibre est sans doute Mère Teresa. Celle qui a voué ses jours aux plus pauvres d'entre les pauvres voyait sûrement des urgences partout où elle passait. Son engagement au sein de la collectivité aurait pu envahir tout son espace. Après tout, Dieu ne se trouve-t-il pas aussi dans le don de soi ? Pourtant, elle ne commençait pas une journée sans un long moment de prière, dans un silence profond où elle se branchait à la source de l'Amour.

J'aime bien comparer la quête de Dieu au concept des livres-jeux « Où est Charlie ? ». Au premier coup d'œil, on a l'impression qu'il est partout. Puis, il faut une observation minutieuse tellement il se fond dans le décor. Et quand on le trouve, on constate que son camouflage est aussi inefficace que celui d'un éléphant caché derrière un arbre. Plus on s'exerce à le reconnaître, plus on devient habile.

Dieu se découvre dans l'autre, dans une circonstance précise, dans l'amour qui nous environne ; pourquoi pas en soi ? Au final, il se moque de la façon dont nous le cherchons, puisque lui nous a trouvé depuis un bon moment. L'échec est donc impossible.

•••

9.
LE BONHEUR À VOLONTÉ
Né pour être libre et heureux

....

« Sois heureux car ta seule fonction ici est le bonheur. »

Un cours en miracles, p. 190

....

Je crois avoir passé plus de temps à chercher la volonté de Dieu que Dieu lui-même. Adolescente, ma quête existentielle s'enchevêtrait à mon ambivalence par rapport au choix de ma carrière future. Que faire de ma vie ? Plusieurs de mes copines savaient clairement quel métier exercer, tout comme elles avaient la certitude de vouloir des enfants. Je les enviais tellement parce que de mon côté, c'était on ne peut plus nébuleux.

Issue d'une famille d'entrepreneurs, j'ai opté pour des études en administration. J'ai ensuite bifurqué en communication à l'université. Impatiente de nature, je me suis contentée d'une mineure. Les médias m'attiraient ainsi que le monde de la publicité. Mon cœur penchait toutefois pour ma grande fascination du monde spirituel. Mais quelle carrière pouvais-je avoir dans cette branche ?

Cette problématique est devenue insignifiante lors de mon entrée en communauté. Ma vocation c'était Dieu, point final. Chaque jour, je lui demandais d'être guidée vers sa volonté. Quand je répétais la célèbre prière du Notre Père, les mots « que ta volonté soit faite » m'interpellaient. Dans la naïveté de ma jeunesse, je croyais que son plan divin me serait révélé de façon claire, nette et précise.

Naturellement, pour une personne consacrée, la volonté divine passe surtout par l'autorité de son groupe. Je respectais à la lettre mes engagements de pauvreté, de chasteté et d'obéissance. Pas de possessions matérielles, pas de maquillage, pas de sexe, pas de pensées impures, pas d'opposition aux règlements. Dieu voulait sans doute cela pour moi.

Je fus impliquée dans les animations. Je livrais des discours et montait de courtes pièces de théâtre. J'avais de la créativité à revendre. Souvent, on me disait que mes idées n'étaient pas suffisamment purifiées. Dieu voulait sans doute cela pour moi.

Je sentais un besoin de m'ouvrir aux autres, d'aller partager mes croyances, de rencontrer plus souvent mes amies et ma famille. Mais je réprimais mes envies, car le « monde » était mauvais, aux dires de ma directrice. Dieu voulait sans doute cela pour moi.

J'étais pleine d'énergie, bruyante, ricaneuse, taquine. On me reprochait de vouloir séduire, alors je me suis retenue. Dieu voulait sans doute cela pour moi.

Un matin, en quittant ma chambre pour me rendre au pavillon central, la nature m'est apparue morte, terne, sans couleurs. La joie de vivre m'a quittée. Dieu voulait sans doute cela pour moi.

Je me suis éteinte à petits feux en niant mon potentiel. La déprime m'a envahie. On m'a fait voir un médecin qui m'a prescrit des antidépresseurs. Dieu voulait sans doute cela pour moi.

La volonté divine, telle qu'interprétée par mes supérieures, n'avait-elle pas primauté sur la mienne ? Un immense fossé s'était creusé entre mes désirs et ceux de la communauté. Je me faisais violence et l'incompatibilité de nos visions s'est accrue au point où je suis finalement partie. En fait, j'ai ressenti l'urgence de sauver ce qui restait de moi, de mes aspirations, de mes rêves.

Je commençais à saisir que la volonté de Dieu ne se résumait pas à une série d'exigences ou de commandements. En complet déséquilibre et perdue dans mes croyances, je me sentais comme un pot cassé. Tentant de recoller les morceaux, je suis tombée sur cet extrait de livre :

> *Si nous arrivions à savoir ce que nous voulons vraiment, si nous prenions conscience du désir le plus profond qui est en nous, nous aurions alors découvert la volonté de Dieu. Cette volonté de Dieu n'est pas un plan de vie impersonnel, imposé par un Dieu capricieux qui contrarie chacune de nos inclinations. Dieu veut notre liberté ; Il veut que nous trouvions ce que nous voulons vraiment et qui nous sommes vraiment. [...] Le saint est celui qui a su trouver son désir le plus profond. Ce qu'il veut est aussi ce que Dieu veut. [...] Si Dieu n'est pas attirant pour nous, il ne nous est pas possible de le désirer[1].*

Une vie spirituelle FÉCONDE laisse libre cours à nos rêves, à nos désirs et à nos talents. Ils sont la prophétie de ce que nous sommes appelés à devenir. En leur résistant, nous résistons à Dieu lui-même et à sa volonté de nous voir heureux. Ce fameux *plan* que nous attendons parfois de l'Au-delà repose au creux de nos espoirs.

---

1. HUGHES, Gérard W., *Le Dieu des surprises*, Bruxelles, Lumen Vitae, 1987.

Quitter la vie religieuse à 28 ans fut le début d'une extraordinaire odyssée, puisque j'ai mis le cap sur *Marie-Josée*. De là, des
années de cheminement personnel intensif. Comme bien des gens
qui rebondissent après avoir touché le fond, je me suis mise en
quête de bonheur. Car n'est-ce pas notre plus grand désir?

Mais quel bonheur réel peut-on trouver en ce monde? Les
perceptions diffèrent sur ce qu'est *être heureux*. La consommation, la richesse, l'enfantement, la vie à deux, l'avancement de
carrière, la réalisation d'un rêve, voilà autant de lieux où nous
cherchons le bonheur. Ce qui comble l'un peut très bien ne pas
convenir à l'autre.

Nos critères pour définir le bonheur portent automatique-
ment préjudice à d'autres. Par exemple, si le bonheur résidait dans
le fait de guérir d'un cancer, combien seraient malheureux à
jamais? Et si le bonheur consistait à être libre financièrement,
combien s'avoueraient déjà vaincus? Et s'il supposait d'avoir un
toit sur la tête et de la nourriture, nombreux sont ceux et celles
qui devraient y renoncer.

L'idée n'est pas de rejeter ce monde, mais de le questionner:
qu'a-t-il à m'offrir qui me garantira un état de bonheur, de paix,
de plénitude, et ce, peu importe les tourments? J'ai beau vivre
passionnément, sauter du lit au son du réveil et prendre mes responsabilités, il n'en demeure pas moins que cet ici-bas est rempli
de désillusions.

Injustices, absurdités, malheurs, drames, autant de réalités
qui peuvent m'empêcher de ressentir une joie profonde. Plus je
vieillis, plus je suis touchée et bouleversée par les souffrances de
mes frères et sœurs. C'est le prix à payer quand on décide de vivre
les bras grands ouverts. L'indifférence m'est devenue impossible.

Comment aspirer au bonheur devant l'angoisse d'une collègue qui lutte pour sa vie ? Comment trouver la paix face à la souffrance d'un ami en proie à des idées suicidaires ?

Le discours moderne prétend que le bonheur est un état d'être. Cela ne repose pas sur des individus, des événements ou des conditions extérieures. Mon père me répète souvent que c'est une décision à renouveler chaque jour, chaque instant. Dans les moments plus sombres, il s'endort le soir en se répétant que demain, tout est à nouveau possible. À ses yeux, chaque jour est un *monde* qui prend fin le soir pour que prenne forme un nouveau *monde* le lendemain.

J'ai transposé sa thèse. Mon bonheur est maintenant lié à ma conscience que ce monde de douleurs et d'injustices dans lequel nous évoluons prendra fin un jour. Peut-être pas ici-bas, mais dans un *ailleurs*. Je crois que nous sommes des êtres *éternels* venus faire l'expérience de l'humanité. Ainsi, j'aborde ce monde temporel et destructible dans une perspective d'éternité. Devant les contrariétés et les drames du quotidien, j'essaie de voir au-delà du terre à terre. Non pas que je nie la souffrance, mais je suis en quête d'une perception pleine d'espoir. Lorsque quelqu'un traverse une épreuve, je fixe la dimension infinie de sa personne. Dans mon esprit, je répète silencieusement : « Tu es fort, tu es grand, tu es indestructible et j'invoque en toi la Lumière qui dissipe les ténèbres. » Puis, dans mes propos, je ne me gêne pas pour l'encourager et pour lui dire qu'il possède une force insoupçonnée, que l'Univers est à son service, que les solutions s'imposeront d'elles-mêmes.

La volonté de Dieu provoque en nous des changements de perception, particulièrement face au tourment et à l'affliction. Elle est une impulsion qui nous invite à déployer notre puissance de façon positive et constructive. Elle est un souffle créateur et elle prend la forme que nous lui donnons. Elle est une énergie qui pousse à la fraternité, à la compassion et au pardon. Elle modifie notre relation à ce monde.

Parfois, surtout dans l'épreuve, la confusion me gagne et je ne distingue pas clairement ce qui m'assurera le bonheur à volonté. Je questionne alors mes sentiments et mes intentions. Suis-je animée par l'*amour* ou la *peur*? La *confiance* ou la *méfiance*? La *bonté* ou l'*irritation*? Le *respect* ou le *mépris*? Plus je reste connectée à ce qui est lumineux en moi et en l'autre, plus je demeure en paix, quoi qu'il arrive.

Dieu se moque de notre capacité à être heureux, car il ne s'agit pas d'une aptitude ou d'une compétence. Nous sommes faits pour le bonheur comme l'oiseau est fait pour voler. C'est indéniable, inscrit dans notre ADN, tatoué sur notre âme. Y consentir se veut une tout autre histoire.

•••

10.
GROUPIE DU SOI
S'épanouir, pour soi et pour les autres

....

« Ceux qui cherchent la lumière se couvrent simplement les yeux.
La lumière est en eux maintenant. »

Un cours en miracles, p. 369

....

Accepter d'être faite pour le bonheur, quel défi pour une ex-religieuse qui avait vécu d'abnégation ! Pendant six ans, j'avais été captive de la spirale péché-repentance-pardon. Puisque le confessionnal était un lieu où je me retrouvais chaque semaine, j'aurais aimé l'aménager avec un confortable *La-Z-Boy* ! Heureusement que Dieu se voulait miséricordieux, car moi j'étais si fautive. À force de croire qu'il épiait tous mes faits et gestes, j'ai perdu ma spontanéité. Impossible de vivre avec légèreté quand on a la phobie de pécher. Mes faiblesses me préoccupaient tellement que j'en faisais de la contention d'esprit.

L'image d'avoir *défroqué* m'a cependant bien servie. En quittant la communauté, j'ai laissé un lourd vêtement de croyances et de conditionnements afin de faire peau neuve. Je repartais à zéro. Il me fallait un travail, un appartement, des meubles, une voiture, mais surtout une relation avec moi-même. Après avoir fait une grande place aux autres dans mon existence, je devais créer un équilibre en m'ouvrant à *Marie-Josée*.

Rapidement, j'ai fait volte-face à plusieurs de mes croyances. J'ai adhéré à cette conception d'un Dieu Amour voulant que je déploie mon potentiel et que je devienne celle que je dois devenir. Il prenait maintenant le visage de l'épanouissement.

« Dieu permet cette souffrance pour te faire grandir » ou « Dieu n'envoie que les épreuves que nous avons la force de traverser » : ce genre de phrases n'avait plus de sens. Comment l'Amour pouvait-il supporter que je souffre ? Comment l'Amour s'amusait-il à me prévoir des épreuves ? Je ne pouvais plus croire en un Dieu qui se frotte les mains en pensant : « Bon, de quelle difficulté Marie-Josée aurait-elle besoin pour évoluer ? »

J'ai ressenti le besoin de séparer Dieu du monde des hommes. Il ne pouvait plus être tenu responsable de la misère humaine. Souvent, j'entendais dire : « Si Dieu existait vraiment, il ne laisserait pas faire ça ! » On le blâme de nos échecs, on l'accuse de nos malheurs. On l'implore de réparer nos erreurs et de pallier notre égoïsme. C'est le bouc émissaire idéal quand on fait face à la cruauté de l'homme. Mais qu'a-t-il à voir là-dedans ? Est-il vraiment le créateur de tout ce chaos ? Voilà le genre de réflexions qui m'habitait.

Sans m'en rendre compte, je redéfinissais le rôle de Dieu dans mon existence. Jusque-là, ma relation avec le divin avait été fusionnelle. Il fallait que je remette Dieu à sa place, que je cesse de m'accrocher à lui comme à une bouée de sauvetage. Mes études universitaires en théologie m'ont permis de tout remettre en question.

Un an après ma sortie de la communauté, personne n'aurait pu croire que j'avais été religieuse. Je n'allais plus à l'église, je m'habillais normalement, je buvais occasionnellement, je fréquentais un homme, j'avais repris le travail. J'étais en contrôle de mon existence, je n'étais plus asservie et, en apparence, je m'occupais bien de moi-même!

Qu'en était-il de mon moi profond? J'allais plus ou moins bien. Le désespoir venait parfois frapper à ma porte tout comme l'angoisse. Je doutais jusqu'aux larmes de pouvoir un jour goûter un état de félicité. Et persistait cet insoutenable sentiment de vide.

Me créer un nouvel environnement ne suffisait-il pas à mon bonheur? C'est que dès que ma reconstruction extérieure fut achevée, je me suis de nouveau détournée de *Marie-Josée*. J'ai continué à investir temps et énergie à revisiter le rôle de Dieu. En fait, je tentais d'entretenir ma vie spirituelle en ne polissant qu'une seule face. J'oubliais complètement l'autre côté de la médaille : moi.

Je devais ME redéfinir. Non pas dans la perspective de ma personnalité, de mes talents, de mes aptitudes, mais plutôt sur le plan de l'essence même de mon être. Grâce à des lectures, à des thérapies et à beaucoup d'écriture, je me suis apprivoisée. Malgré mes démarches, je sentais que quelque chose m'échappait.

Cinq ans ont passé. Le 7 janvier 2006, je visionnais le film *Coach Carter* quand mon âme fut happée par les paroles d'un des acteurs :

> *Notre peur la plus profonde n'est pas d'être inapte. Notre peur la plus profonde est d'avoir un pouvoir extrêmement puissant. C'est notre propre lumière et non notre noirceur qui nous effraie le plus.*

Nous déprécier ne servira jamais le monde et ce n'est pas une attitude éclairée de se faire plus petit que l'on est en espérant rassurer les gens qui nous entourent. Car nous sommes tous conçus pour briller, comme les enfants et cette gloire n'est pas seulement en quelques-uns, elle est en chacun et en chacune de nous.

Et si nous laissons notre lumière briller, nous donnons inconsciemment aux autres la permission que leur lumière brille. Si nous sommes libérés de notre peur, notre présence suffit à libérer les autres[1].

Le temps s'est arrêté. J'avais l'impression que l'Univers me parlait. J'ai saisi mon journal intime et j'ai reculé le DVD afin de recopier ce texte. Je l'ai ensuite lu, relu et relu plusieurs fois. Sur une feuille de papier se trouvait l'explication de mes tourments intérieurs. J'étais émue et euphorique à la fois.

Quelques recherches sur Internet m'ont d'abord fait croire que nous devions ces paroles à Nelson Mandela. Effectivement, ce grand homme a cité la dernière phrase lors de son discours d'inauguration quand il fut élu Président. Mais la personne derrière ces propos est Marianne Williamson, auteure du livre *Un retour à l'amour*[2].

En approfondissant la teneur de ce texte, j'ai découvert notre identité réelle. J'ai pris conscience que nous sommes dépositaires d'un potentiel et d'une gloire qui nous dépassent. Une brillance émane de nous sans que les ténèbres puissent l'arrêter. Notre âme loge l'infini. Plus encore, elle est l'emblème de l'immensité.

On croit souvent que la lutte est par rapport aux autres, dans le fait de défendre notre identité sociale, nos idées, nos ambitions et nos convictions. En réalité, il n'y a pas de combat plus décisif

---

1. CARTER, Thomas (réalisation). *Coach Carter*, États-Unis, 2005.

2. WILLIAMSON, Marianne. *Un retour à l'amour*, J'ai Lu, Paris, 2004.

que celui de résister à notre Lumière, à notre Soi, à notre Moi Supérieur que l'auteur et spécialiste en éducation émotionnelle Michel Claeys Bouuaert définit ainsi :

> *Cette partie de nous-mêmes qui est au-delà du corps, au-delà des émotions, au-delà de la pensée. Une partie de nous-mêmes qui est capable de prendre distance, qui fournit les indispensables ressources d'amour et de sagesse, qui guide nos existences et inspire nos rêves, qui guérit nos blessures et nous permet d'apprendre. C'est ce qu'on appelle aussi notre Moi Profond, notre nature profonde*[3].

Souvent, j'ai relaté mon épopée religieuse en disant que j'avais remis mon pouvoir personnel à une autre personne. Qu'en quittant la communauté, je me l'étais réapproprié. Or, je n'avais jamais été consciente du genre de pouvoir dont parlent les deux auteurs que je viens de citer. Comment aurais-je pu donner quelque chose que j'ignorais posséder ?

Toute la colère que j'éprouvais de m'être abaissée à une telle servitude a disparu, car je ne savais pas ce que je faisais à ce moment. Je suis devenue plus belle et plus attirante à mes propres yeux. Les mots « pécheresse, misérable, petite, faible » ont déserté mon vocabulaire. Soudain, je posais un regard différent sur *Marie-Josée*.

Le germe d'un nouveau système de pensée fut semé. Mais qu'est-ce qui m'empêchait de déployer mon potentiel ? Pourquoi, malgré mon désir d'être heureuse, ne pouvais-je résister à l'envie inconsciente de me restreindre ?

---

3. CLAEYS BOUUAERT, Michel. *Emotional Education*, « *L'ancrage dans le Moi Supérieur* », [En ligne], 2013. [www.emotionaleducation.org/fr/article_022d. asp] (consulté le 2 mars 2013)

L'année précédente, j'avais consulté une voyante. Ses propos m'avaient bouleversée. Elle me disait que j'étais une reine, une femme de pouvoir, mais que je refusais ma mission. Je préférais être dans les coulisses, faire la femme de service. J'excellais à m'occuper des autres, mais ma propre contrée intérieure était dans un état pitoyable. Pendant que je m'évertuais à les convaincre de croire en eux et à améliorer leur vie, je me négligeais.

Tomber amoureux de soi-même est un *must* d'**une spiritualité RAYONNANTE**. Je ne parle pas ici d'égocentrisme où mes caprices prédominent. Il ne s'agit pas non plus de se dorloter dans la consommation de biens et de plaisirs de toute sorte ! S'estimer va bien au-delà de se bichonner.

S'aimer, c'est devenir groupie du Soi, de ce qu'il y a de plus noble en nous. En d'autres mots : consentir à notre puissance et à notre grandeur.

Mais qui ne se sent pas minable devant un échec ? Qui ne se laisse pas diminuer par la jalousie ou les médisances d'autrui ? Qui n'est pas accablé de honte devant ses propres erreurs ? Dieu n'a que faire de ce battage visant à nous persuader de notre faiblesse et de notre petitesse. Il se moque des campagnes de salissage que nous entretenons à notre égard. Il est un fervent admirateur de notre beauté intérieure.

Toujours en quête de Dieu, de bonheur, de plénitude, voilà que je revenais à la case départ. Rien ne me servait de parcourir l'univers entier, ce à quoi j'aspirais était déjà au fond de moi.

•••

11.
UN COURS EN MIRACLES
Faire preuve d'ouverture

....

« Sois très calme un instant. Viens sans aucune pensée de ce que tu as jamais appris, et mets de côté toutes les images que tu as faites. Le vieux s'écroulera devant le nouveau, sans opposition ni intention de ta part. »

Un cours en miracles, p. 698

....

Le texte de Marianne Williamson a eu l'effet d'une lame tranchante dans mon cheminement personnel. Et si l'unique but de cet ici-bas consistait à accepter que nous sommes faits pour l'abondance, l'amour et la félicité ?

Jusque-là, je capitalisais sur le combat éternel entre le divin et les forces du mal. La guerre entre eux prendrait fin un jour et naturellement, comme dans tout bon film américain à la Rocky Balboa, le grand vainqueur serait Dieu. Mais au quotidien, je croyais que le Mal remportait de petites victoires. Donc, il me fallait éviter la menace, riposter aux attaques, accuser les autres, protéger mes acquis. L'idée du combat et de la lutte teintait mon univers. Ma perception de ce monde se résumait en un mot : dualité.

À 33 ans, je cumulais déjà 18 années de vie spirituelle active. Le désenchantement m'habitait de plus en plus. Je commençais à croire que mon exploration me laisserait toujours avide. Que la fameuse plénitude prônée par tant d'auteurs modernes relevait du fantasme et n'était que légende urbaine.

Heureusement, mon esprit avait de quoi s'occuper : j'étais enceinte. Et puisque la commercialisation de la maternité rend la chose très laborieuse sur le plan des préparatifs, j'avais peu de temps à consacrer à ma vie intérieure. Je magasinais la meilleure poussette, les couches les plus absorbantes, les tétines les plus sécuritaires ainsi que la table à langer la plus conviviale. L'espace de quelques mois, je me suis prise au jeu de vouloir rendre ce moment parfait et plénier en me procurant tous les gadgets possibles. Comme si cet enfant représentait une forme d'absolu en soi. Comme s'il s'agissait d'un événement qui allait me combler de bonheur à jamais. Que d'attentes élevées pour ce petit être qui se prélassait dans mon ventre ! Aussi me raisonnais-je rapidement : un enfant ne peut remédier à nos manques et à nos carences.

Une fois la chambre de bébé terminée et notre maison aménagée *childproof*, j'ai approfondi ma réflexion. Mon âme était-elle prête pour ce grand défi ? Mon cœur saurait-il être à la hauteur ? Le lieu que je devais peaufiner se trouvait à l'intérieur de moi. J'avais maintenant la responsabilité d'être heureuse, de laisser ma lumière briller et ce, pour le restant de mes jours. Car comment pourrais-je enseigner à mon fils quoi que ce soit que je ne mette pas en pratique ?

Ma vie extérieure s'apprêtait à être complètement chamboulée par la venue d'un enfant, et je me sentais à l'aise avec cette idée. Même si on ne sait jamais vraiment tout ce qu'implique la maternité, j'étais mûre pour cet engagement. Ce que je n'aurais pu prévoir, c'est que mon monde intérieur allait aussi subir tout un revirement. Un tsunami, pour tout dire.

Quelques jours avant mon accouchement, mon amie Julie m'a offert un exemplaire du livre *Un cours en miracles* (pour faire plus court, appelons-le « *UCEM* »), dont je ne cesse de citer des extraits. Ce bouquin aux allures de bible avec ses 1400 pages est un incontournable pour plusieurs auteurs d'ouvrages à succès tels que Eckhart Tolle, Doreen Virtue et Marianne Williamson. Je reluquais le livre *UCEM* depuis un certain temps, mais je ne me décidais pas à l'acheter.

Ce livre fut rédigé dans les années 1970 par Helen Schucman et William Thetford, deux professeurs de psychologie médicale au *College of Physicians and Surgeons* de l'Université Columbia à New York. Le texte fut dicté à Helen et mis en page par William. Les deux collaborateurs n'ont jamais voulu s'approprier ce manuscrit et c'est pourquoi il n'y a pas de noms d'auteurs sur la couverture. Il faut consulter la préface pour en connaître l'origine.

Le livre est écrit comme si une tierce personne s'adressait au lecteur. Ce personnage est rapidement associé à Jésus. Et bien qu'on y retrouve des termes comme *Dieu, Père, Fils, Saint-Esprit*, l'ouvrage ne se réclame d'aucune religion en particulier.

Helen a reçu le texte sur une durée de sept ans. Elle transcrivait ce que la Voix lui dictait aussi fidèlement que possible. Elle pouvait arrêter et reprendre l'écriture comme bon lui semblait. Déjà, pour le lecteur, un tel contexte est inhabituel et la provenance peut paraître douteuse.

Dans mes années religieuses, la communauté dont je faisais partie était issue du renouveau charismatique dans l'Église. Ce courant, né à la fin des années 1960, visait à expérimenter les dons de l'Esprit-Saint (appelés *charismes*) de façon plus dynamique. Autrement dit, dans un cadre plus chaleureux et plus souple que celui de la tradition catholique habituelle. Par exemple, nous faisions *l'imposition des mains* en priant spontanément à voix haute. J'ai donc lu et côtoyé des personnes hautement mystiques qui expérimentaient d'étranges phénomènes. Certaines se voulaient très saines d'esprit, tandis que d'autres semblaient davantage en proie à la psychose. J'ai assisté à des manifestations étonnantes du surnaturel. J'ai même développé une facilité à me connecter à l'autre et à ressentir les émotions qui l'habitent, une forme de *clairsenti*.

À la suite de mon départ, j'étais devenue très prudente devant la marginalité de certaines sources d'enseignement. Je me méfiais de ceux et celles qui disaient avoir reçu des mots ou des ordres de l'Au-delà. Je gardais en mémoire des instants douloureux où j'avais accepté la vérité de mes supérieures contre mon gré, parce qu'elles se disaient inspirées de Dieu lui-même. Ma réticence à me procurer *UCEM* confirmait que j'étais moins influençable et plus sage.

Une spiritualité PALPITANTE implique le courage de faire face à l'inconnu, sans pour autant perdre de vue notre sens critique. Il s'agit de maintenir un continuel équilibre entre notre curiosité et notre jugement. Nos croyances doivent être confrontées, remuées et bouleversées, mais la façon de faire ne doit pas empiéter sur notre libre arbitre. Pour ma part, je refuse maintenant qu'on me mette de la pression et je fuis les discours teintés de culpabilité ou d'urgence. La désinvolture est de mise !

Néanmoins, l'Univers semblait clairement insister pour que je fasse cette lecture. C'est ainsi qu'à l'été 2006, je me suis retrouvée les bras chargés de Vie. D'un côté je berçais mon fils, mon grand miracle, et, de l'autre main, je tenais ce drôle de bouquin intitulé *Un cours en miracles*. Une synchronicité dont je n'ai pas saisi le sens immédiatement.

En plus de me remplir de joie, la venue de mon fils m'a fait vivre une inoubliable expérience spirituelle. Quelques jours après sa naissance, alors que je tenais ce poupon dans mes bras, mon âme s'est tout à coup élargie aux limites de la terre. En une fraction de seconde, j'ai senti que tous les enfants de cette planète devenaient mes enfants. Que mon cœur débordant d'amour ne faisait aucune distinction entre mon garçon et tous les autres petits. Comme s'ils ne faisaient qu'UN. Sans que je le sache, cette plongée dans l'Amour universel m'aiderait à décoder l'enseignement de *UCEM*.

Le début de ma lecture ne se fit pas facilement. Malgré mon certificat universitaire en sciences religieuses, je ne comprenais à peu près rien à ce que je lisais. La pensée présentée dans ce livre m'était complètement inconnue. Et la plus que brève introduction ne me facilitait pas la tâche.

Si mon cerveau n'arrivait pas à suivre les propos de cette brique littéraire, j'avais tout de même le sentiment d'être devant un chef-d'œuvre de la spiritualité. Au cours des soixante-dix premières pages, je devais relire trois ou quatre fois une grande majorité des phrases. De quoi se décourager! Malgré l'exercice laborieux que cela représentait, j'ai persévéré parce que je n'avais jamais rien lu d'aussi beau.

Était-ce *UCEM* qui me résistait ou plutôt l'inverse? À cette période, je me prenais encore très au sérieux dans ma démarche spirituelle. Tant d'efforts de ma part afin de trouver la vérité… Ma quête me semblait capitale, ce qui lui procurait un ton grave. Si seulement je m'étais souvenue que le Royaume appartient aux enfants et à ceux qui leur ressemblent...

C'est ainsi qu'après des dizaines de pages, je n'ai eu d'autres choix que de me détendre et de renoncer à tout comprendre. Puis, l'esprit de *UCEM* a percé mon intérieur. Plus je lisais, plus je captais le message. J'ai même atteint un stade où les propos tenus, pourtant si complexes au départ, coulaient en moi tel un bon verre d'eau fraîche. Certaines semaines, je pouvais lire jusqu'à une centaine de pages.

En parallèle à ma découverte de *UCEM*, j'observais l'aisance avec laquelle mon bébé s'appropriait la vie physique : respirer, bouger, dormir, boire. Son insouciance et sa dépendance heureuse à nous, ses parents, me laissaient pensive. Qu'en serait-il de ma vie spirituelle si je pouvais faire preuve du même abandon ? Prendre ce qui vient, comme ça vient, sans forcer les réponses ? Avoir confiance que le chemin me sera dévoilé en temps et lieu ?

Dieu se moque des efforts que nous déployons dans notre cheminement puisque notre désir lui suffit. Il est un opportuniste de première et nous offre d'alléchantes possibilités d'avancement. Les perches qu'il nous tend semblent parfois aventureuses. Tel le coup de volant qui nous fait prendre une sortie à la dernière minute sur l'autoroute. Je n'avais pas prévu suivre un cours en miracles, mais qu'avais-je à perdre de saisir cette occasion ?

•••

12.
GENÈSE, VERSION 2.0

Le pouvoir de la pensée sur un plan d'éternité

....

« Je ne suis pas seul à éprouver les effets de mes pensées. Je ne suis seul en rien. Tout ce que je pense, dis ou fais, enseigne à tout l'univers. »

Un cours en miracles, p. 91

....

Mon nouveau compagnon, l'ouvrage *UCEM*, n'y allait pas de main morte. Autant il se révélait être d'une grande sagesse, autant il ébranlait ma conception de cet univers. Certaines perceptions que j'entretenais se sont mises à ne plus avoir de sens.

Ses 1400 pages se résument par ce simple principe :

« Rien de réel ne peut être menacé.

Rien d'irréel n'existe.

En cela réside la paix de Dieu. »

Puisque la vie spirituelle procure la liberté de tout repenser, je me suis demandé ce qui était vraiment *réel*. En écoutant un livre audio du célèbre auteur et conférencier Wayne Dyer[1], je

---

1. DYER, Wayne. *Pensées inspirantes,* livre audio, Varennes, ADA Éditions, 2009. Wayne Dyer est un auteur et leader spirituel contemporain donnant des conférences aux quatre coins du monde. Il est facile d'en apprendre un peu plus sur lui en consultant son site (en anglais seulement) : www.drwaynedyer.com

reçus un éclairage important. Il y cite Lao Tseu: «Est réel ce qui ne change jamais. »

Qu'est-ce qui ne change jamais? Sûrement pas ce monde de formes. Ici-bas, rien n'est durable et éternel. Nous allons tous mourir, alors il me semble que ça résume bien l'état des choses. Si nous croyons en une vie après la mort, alors il est possible de croire que notre âme perdure. Mais de quoi notre âme est-elle faite?

Je n'ai pas de réponse. Je ne peux que supposer, imaginer, questionner encore et encore. Et si mon âme contenait une parcelle de *ce réel qui ne change jamais*? Affirmer une vérité devient périlleux. À ce stade, seule ma foi peut parler. Et le doute devient mon allié puisqu'il me permet de ne pas m'enfermer définitivement dans une croyance. Alors je ne peux qu'user de prose: *ce qui ne change jamais*, ne serait-ce pas une jolie façon de décrire Dieu-dit-l'éternel?

Mais la question reste intacte. Quelle énergie, quelle substance, quelle force demeure immuable, quoi qu'il arrive? Une spiritualité équilibrée applique la loi du *gros bon sens,* et ce, même aux plus grandes énigmes métaphysiques. Pour ma part, je transpose mes appréhensions existentielles aux événements de mon quotidien. Quel flux semble transcender ma vie de tous les jours?

Lorsque je me retrouve en plein conflit face à un individu, que ma colère me semble insurmontable, il m'arrive de la visualiser sous un autre angle. Si «mon ennemi» m'annonçait qu'il ne lui reste que quelques semaines à vivre, ma rancœur persisterait-elle? Non. Je la balaierais du revers de la main et je prendrais cette personne dans mes bras en lui demandant pardon. L'Amour l'emporterait.

Poussant l'exercice à l'extrême, je me demande : sur mon lit de mort, qu'est-ce qui m'obsédera, qu'est-ce qui aura vraiment de l'importance ? Mes accomplissements ? Ma réputation ? Ma fortune ? Non. Et même si je m'en fais pour les miens, je ne pourrai plus rien pour qui que ce soit. Je n'aurai plus de temps pour haïr. Mon seul pouvoir valable sera celui de sourire et d'aimer. Chaque seconde passée dans la peur semblera perdue. Encore une fois, l'Amour régnerait.

Ma réflexion m'a menée à ce constat : ce qui ne change jamais, c'est l'AMOUR. Donc, l'amour dans son expression la plus pure ne s'altère pas. Il s'agit d'une force entière, totale, indivisible. Tout ce qu'elle contient n'est qu'amour. Ce qui implique que ce qui n'est pas amour n'existe pas dans cette énergie. Et je crois que Dieu est cet amour éternel et tout-puissant.

Or, le monde dans lequel nous évoluons n'est pas qu'amour. Il est rempli de dualités et de contradictions. Les drames ainsi que les horreurs abondent. La haine et la vengeance nous titillent la conscience. L'histoire se répète, et bien que les moyens soient plus sophistiqués, la guerre sévit encore, la corruption s'infiltre partout, la violence ne perd pas de terrain.

Depuis l'aube des temps, nous attribuons le mérite de la création à Dieu. Si tel est le cas, devons-nous en déduire qu'il est aussi l'instigateur de la souffrance, des malheurs, de la cruauté ? Bien entendu, nous sommes souvent les créateurs de nos misères. Si nous le voulions vraiment, nous pourrions remédier à la pauvreté, à la famine ou à notre propre haine pour une personne. Mais il y a tant d'autres situations qui relèvent de l'injustice sans qu'aucun soit à blâmer comme un handicap physique de naissance, le diagnostic d'une maladie incurable ou les ravages meurtriers d'un cataclysme naturel. Qui en est responsable ?

Bien avant de débuter la lecture de *UCEM*, je ne pouvais plus adhérer à la pensée qu'un Dieu Amour soit complice des épreuves et des drames de l'humanité. Même si je croyais qu'il n'avait rien à voir là-dedans, l'impasse subsistait devant le fait même de la création. Comment Dieu avait-il pu créer un monde qui ne soit pas qu'amour ?

UCEM contient de la matière pour adultes consentants. Il ne s'agit pas d'un livre classé « Général », mieux vaut en être prévenu. Il expose des propos pouvant ne pas convenir aux débutants. Entre autres, il avance que ce monde de formes dans lequel nous évoluons n'est pas la création de Dieu, mais la nôtre. L'auteur Gary Renard, grand porte-parole de *UCEM*, résume bien cette pensée :

> *Avant le commencement, il n'y avait ni commencements, ni fins. Il n'y avait que l'éternel Toujours qui est encore là et le sera à jamais. Il n'y avait que la conscience de l'unité parfaite, et cette unité était si totale, si illimitée dans sa joyeuse extension, qu'il était impossible à toute chose d'être consciente de ce qui n'était pas Elle-même. Il n'y avait et il n'y a toujours que Dieu dans cette réalité* [2].

Quelque part avant l'humanité, quand le temps et la forme n'existaient pas, nous vivions bien douillets en Dieu. Difficile de savoir à quoi nous pouvons ressembler sans nos corps, mais nous étions UN par lui, avec lui et en lui, telle son extension remplissant l'infini. Puis, nous avons eu la folle idée de l'individualité, le besoin d'exister par nous-mêmes comme des adolescents souhaitant quitter la maison. À partir de ce moment, l'unité a cessé d'être *réelle* à nos yeux et nous semblons avoir rompu avec Dieu. Une idée qui rappelle la Genèse et le Jardin d'Éden à l'exception que ce n'est pas lui qui nous a chassés du paradis. Nous nous sommes exclus.

---

2. RENARD, Gary. *Et L'univers disparaîtra*, Outremont, Ariane Éditions, 2006.

En désertant Dieu, nous nous sommes fabriqué un monde à nous. Un univers teinté de ce même esprit de *séparation* qui nous a fait quitter l'Amour entier et total. Nous nous sommes réfugiés ici, dorénavant séparés par des corps. Au premier coup d'œil, nous ne formons plus UN et ne faisons plus partie de Dieu. L'initiale impulsion de division s'est perpétuée et nous ne savons reproduire autre chose qu'un univers où la *dualité*, le « deux » domine. Partout où nous passons, nous avons une tendance à fragmenter et à opposer.

Parmi les théories sur la création, celle qui avance que cet Univers ait été créé par nous n'est pas à exclure. Elle m'apparaît amusante et pleine de défis. Elle me rend aussi passible de damnation selon certaines religions. Pour ma défense, je précise : je ne crois pas que nous ayons créé Dieu. Cependant, s'il nous a fait à sa ressemblance, nous sommes habités de ses compétences et de ses aptitudes. Ce qui veut dire que nous pouvons créer, former une réalité. Sauf que, étonnamment, tout ce que l'humain crée finit par prendre fin un jour.

Le pouvoir créateur de notre esprit n'est plus un *secret*, depuis le livre du même nom. De nombreux auteurs ont écrit sur le sujet au cours des dernières décennies. Si nous pouvons modifier le cours de notre histoire en entretenant des pensées précises, il s'avère très plausible que, ensemble, nous ayons aussi créé l'idée même du temps et de ce monde. Il s'agit d'envisager ce pouvoir sous un angle d'éternité et toujours dans le principe du UN.

Je suis une adepte du pouvoir de la pensée pour ce qui est de son application au plan collectif. Je redoute toutefois son interprétation individuelle. Nous ne pouvons mesurer l'étendue d'une pensée. Elle va au-delà de notre corps, de notre environnement, et peut parcourir des milliers de kilomètres. Comment savoir que mes pensées n'influencent pas le sort d'un inconnu ? Nous sommes tributaires les uns des autres, que ce soit dans le monde visible ou invisible. Lorsqu'on dit à un être souffrant qu'il s'est attiré cette réalité à cause de la « nature de ses pensées », comment savoir que c'est exact ? Mes propres pensées pourraient être à l'origine de son malheur.

À l'inverse, les manifestations heureuses ne s'avèrent jamais l'œuvre de notre seule individualité. Quand j'ai commencé à entretenir la pensée de doubler mon revenu annuel, des possibilités ont croisé ma route. Et la bienveillance des personnes qui m'ont présenté d'autres perspectives m'a été nécessaire pour atteindre mon objectif. Sans leurs propres pensées d'entraide, qui sait si j'aurais atteint mon but ? Dans le bonheur comme dans le malheur, nous sommes liés et collectivement responsables.

Une vie spirituelle SIGNIFIANTE conduit à la conscientisation de notre responsabilité. Nous ne pouvons nous comporter en victime. Certaines philosophies prônent qu'il faille se résigner à nos limites et que le sort en est jeté. Cette attitude face au monde ne peut que maintenir l'angoisse. Mais si nous sommes responsables de la création de cet univers, ne disposons-nous pas d'une puissance qui nous dépasse ? Admettre notre responsabilité c'est reconnaître notre pouvoir ainsi que la possibilité d'entrevoir les choses différemment. Voilà exactement ce qui me plaît dans cette Genèse version 2.0 de l'ouvrage *UCEM*.

J'ai tellement hésité à écrire ce chapitre. Je ne cessais de valider : « Mon Dieu, suis-je dans l'hérésie en cautionnant ceci ? » Cheminer spirituellement, c'est accepter l'apparition de nouvelles conceptions intérieures parce qu'elles ont du *sens* dans ma quête et semblent unifier mes perceptions. Dieu se moque de mon malaise ou de mes craintes. Celui qui est UN encourage chaque tentative qui me ramène à l'unité.

•••

13.
DÉJOUER LE COMPLOT
Pour retrouver Dieu, encore faudrait-il l'avoir perdu

....

« La vérité s'est précipitée à ta rencontre puisque tu l'as appelée.
Si tu savais Qui marche à tes côtés sur le chemin que tu as choisi,
la peur serait impossible. »

Un cours en miracles, p. 405

....

À quoi bon m'interroger sur mes origines ? En quoi cela peut-il
être utile ? Dans le brouhaha du quotidien, entre le travail, les
courses, le ménage et le bain de fiston, faire preuve d'existentia-
lisme était devenu un luxe pour moi. Venir à bout de mes tâches,
sans perdre une minute, requiert une telle gymnastique mentale
que mon esprit tombait de fatigue à la fin de la journée.

Mais *UCEM* m'avait piquée au vif. Il affirme que la séparation d'avec Dieu n'a jamais eu lieu. Elle est une pure invention de
l'esprit humain, une illusion. Nous sommes en lui maintenant et
depuis toujours. Pas besoin de le chercher, nous ne l'avons jamais
quitté !

Pardon ? Et moi qui me démenais depuis des années pour ren-
trer au bercail, trouver l'absolu, remplir ce vide intérieur ! Sans
parler de mon temps investi en prières, à inspirer-expirer dans le

but de m'unir à Dieu. Et cet argent dépensé en thérapie et en achat de livres pour me libérer de ma douleur d'être loin de lui. J'étais certaine qu'il me manquait quelque chose pour être heureuse et là, en quelques lignes, on m'annonce que je n'ai jamais quitté la plénitude ? C'est quoi cette arnaque ?

Je m'imaginais tapoter le microphone de l'Univers : « 1-2, 1-2, ça fonctionne ? Hum, hum… (suivi d'une inspiration pleine d'exaspération) Avez-vous la moindre idée de TOUT ce que ça change dans ma vie de savoir que je suis toujours en Dieu ? » Explosant d'indignation, je m'entendais hurler : « Bon sang ! J'ai passé tellement d'années à me sentir coupable de l'avoir quitté ! »

Se croire exclu de Dieu revient à se croire exclu de l'Amour. Les effets qui en découlent sont nombreux et l'un des plus importants demeure la culpabilité. Il ne s'agit pas du sentiment que l'on éprouve après avoir posé une mauvaise action. *UCEM* l'apparente plutôt à la peur. Elle se décrirait comme cette vague impression que le bonheur ne peut durer ou qu'un malheur finira par arriver, tôt ou tard.

J'ai cette amie qui vivait une belle relation de couple et qui disait : « Ça ne se peut pas autant de bonheur (culpabilité). Il va m'arriver un malheur, je ne peux pas croire que cette situation heureuse va durer… (peur) » Ne sommes-nous pas plusieurs à entretenir furtivement ce genre de pensées ?

La peur-culpabilité, je la connaissais trop bien, à petite et à grande échelle. Elle se traduisait par ma tendance innée à l'autodestruction. Malgré mon beau sourire, ma personnalité enjouée, ma détermination à réussir, je possédais en parallèle cette facilité à me créer des ennuis et de la douleur.

Enfant, il m'arrivait de m'inventer des drames semblables à ceux de mon héroïne Candy l'orpheline. Je rêvais d'être abandonnée et de souffrir. Adolescente, j'ai troqué mes scénarios de misère pour des troubles alimentaires. J'étais en guerre avec mon corps et je le faisais peiner en le privant de nourriture, en le faisant vomir. Jeune adulte, mes aventures amoureuses ne duraient pas plus de trois mois. Je m'arrachais le cœur avec des garçons aussi tourmentés que moi. À 20 ans, je me suis fait avorter, avec le lot de remords qui accompagne cette décision. Sur le plan professionnel, je me cherchais désespérément sans avoir la moindre idée de ce que je voulais faire. Et j'ai atteint un point culminant de mon autosabotage à la fin de mon épopée religieuse, où j'ai permis que l'on me manipule et que l'on abîme mon estime personnelle.

Bref, le premier livre que j'ai écrit, il y a dix ans, faisait le récit de mes déboires de façon assez plaignarde. Il aurait pu s'intituler *Victimite aiguë* et il ne sera jamais publié parce que beaucoup trop déprimant.

L'être humain vient avec une propension à l'autodestruction, signe éloquent d'une peur-culpabilité inconsciente. On a beau croire que notre existence est parfaite, mais ne cachons-nous pas quelques vices, quelques noirceurs ? Qui ne souffre pas en silence d'une dépendance quelconque ? Qui n'a jamais bu, mangé ou gelé ses émotions négatives ? Qui n'a jamais abaissé une autre personne dans le but de se donner de l'importance ? Qui n'a pas abandonné certains rêves ou encore peut-être démissionné de sa propre vie ? Parfois, c'est le besoin maladif de contrôler qui nous trahit ou encore, notre agressivité.

Ma peur-culpabilité prenait souvent les couleurs d'une rage profonde. Je me sentais comme un lion sauvage pris en cage, prêt à déchiqueter ce qu'on lui présentait. Je me savais aussi violente qu'une éruption volcanique. Malgré quelques thérapies, impossible de me défaire de ces sentiments. Chaque fois que je tentais d'en saisir la cause, un puits sans fond s'ouvrait. Ne me restait plus qu'à apprendre à me contenir, à ne rien laisser paraître.

L'autre effet avec lequel je me battais depuis mon adolescence était le désespoir. Non. Le mot juste serait plutôt *désespérance*, qui consiste en un désespoir à long terme. Plus d'une fois j'ai souhaité mourir tellement mon impuissance face à cette existence me faisait souffrir. Il y a toujours eu un tel décalage entre ma soif d'amour et l'absurde cruauté humaine. Combien de fois ai-je reproché à Dieu : « Pourquoi m'as-tu parachutée ici ? »

Selon *UCEM*, il semble que j'ai cru avoir rejeté l'Amour. Non pas de mon vivant, mais de toute éternité. Qui ne se punirait pas pour cet acte ? J'aurais donc tenté de me convaincre qu'il fallait en payer le prix. Parmi les autres conséquences de ma *séparation*, j'aurais abordé ma relation à Dieu comme si nous étions distants l'un de l'autre. Effectivement, je percevais la vie spirituelle comme un exercice volontaire de me connecter au divin – ce qui sous-entend une déconnexion.

Certes, ma progression des dernières années se voulait palpable : davantage ouverte aux autres, consciente de ma beauté intérieure, de plus en plus fan du Soi. Cependant, tout demeurait scindé. Je considérais que Dieu et moi étions *deux*. Oui, il était dans mon cœur, mais comme *autre*. Je pouvais m'unir à lui, baigner dans son essence, mais toujours en tant qu'*autre*. Je le savais présent dans les autres, mais toujours comme une entité distincte. Le Soi, ce haut lieu de mon être, m'apparaissait aussi comme *autre* que moi.

Savoir que je n'avais jamais quitté Dieu, que nous formions toujours ce UN indivisible n'avait rien de banal. C'était une véritable révolution capable de transformer l'entièreté de mon métro-boulot-dodo ! En quoi ? Je n'avais plus aucune raison de me sentir seule, faible, menacée, indigne, triste, déprimée, agressive, envieuse, amère, et la liste de ces qualificatifs est interminable.

C'est parce que nous n'avons jamais quitté Dieu que nous sommes inattaquables, intouchables. Nous ne sommes pas invincibles à cause de notre corps, de nos connaissances, de notre personnalité, de notre fortune, de notre expérience de vie ou même de nos richesses spirituelles. Notre caractère inébranlable provient du fait que nous sommes en Dieu.

Les paroles de saint Paul me revenaient sans cesse : « L'amour de Dieu dépasse tout ce que nous pouvons imaginer. Si Dieu est pour nous, qui sera contre nous ? Aucun ennemi ne peut nous détruire, car toute armée forgée contre nous sera sans effets. » (Rom 8,28-34)

Sans effets. Voilà à quoi pouvait être réduite ma peur-culpabilité. **Une spiritualité LIBÉRATRICE** ne maintient pas le fossé entre l'Au-delà et nous. Elle vise à estomper les frontières que nous avons bâties face à l'Amour. Elle anéantit toute forme de séparation et de division dans notre esprit.

Le plus grand complot de l'humanité est celui qui nous fait croire que nous sommes exclus, séparés de l'Amour et qu'il faille le regagner. Être pardonné, gracié, sauvé, purifié. Nous perdons tellement de temps dans la peur-culpabilité, à l'entretenir ou à vouloir s'en débarrasser, que nous passons à côté de l'essentiel. Nous luttons contre un effet qui n'a pas de cause puisque nous sommes toujours en Dieu.

Depuis ma naissance, je me sentais comme le navigateur qui explore la contrée marine en cherchant l'endroit exact de l'engloutissement du trésor. Je tournais autour du point de mire et je l'avais probablement frôlé à mon insu. Et là, enfin, je venais de jeter l'ancre au bon endroit, soit dans la partie la plus réelle de moi. Ce moi qui est UN par et avec Dieu. Ce moi qui n'est aussi qu'Amour.

Dieu se moque de cette conspiration qu'est la *séparation*, il semble même en ignorer le fondement. Pour lui, nous sommes toujours blottis en sa grâce et en sa bonté. Il n'est même pas au courant que nous croyons l'avoir quitté. Il ne sait peut-être rien de ce monde de *dualité* que nous avons formé. Et si notre univers n'existait pas à ses yeux?

Cette thèse m'apparaissait impie par rapport aux dogmes reçus et, tout à la fois, réaliste. Surtout, elle m'interpellait. J'ai choisi de ne pas la rejeter et d'en vérifier sa possible application concrète. Telle la semence fraîchement jetée en terre, rien ne semblait se passer. Pourtant, à force de revenir à cette idée que je n'avais jamais quitté Dieu, ma perception des gens et des événements a progressivement changé.

•••

14.
PLUS OU MOINS
Les pièges de l'égo

« Tu n'as pas besoin de la bénédiction de Dieu parce que tu l'as pour toujours, mais tu as besoin de la tienne. »

Un cours en miracles, p. 136

Prendre conscience que je suis toujours en Dieu. J'aurais souhaité que cette seule constatation me procure une paix éternelle. Hélas, j'ai plutôt eu l'impression d'avoir réveillé le monstre du Loch Ness. Une tierce partie a ressenti le besoin de se manifester de nouveau dans mon décor spirituel. Plus que jamais, nous étions trois : Dieu, moi et qui d'autre que mon égo ? Une trinité des plus atypiques.

Je définis l'égo comme cette partie de moi qui persiste à vouloir être *séparée de Dieu*. Quand mon égo se dresse, c'est pour diviser, et ses arguments sont d'une logique surprenante. Il s'infiltre dans mes pensées avec l'agilité du serpent. Oui, probablement le même reptile qui a semé la bisbille dans le Jardin d'Éden en recommandant à Ève de croquer la pomme, le fruit de l'arbre de la connaissance. Ah, ce satané !

Lors de mes années religieuses, je fus initiée à la pratique du ministère de libération. Des prières précises visant à délivrer des forces du mal puisque dans la chrétienté, le diable ne se limite pas qu'à une simple allégorie. Il est considéré comme réel. Et j'avoue avoir vu des choses assez troublantes qui me poussaient à croire en un être maléfique, celui que l'on surnomme aussi «légions». Selon certaines philosophies, il semble y avoir plusieurs degrés dans le monde des ténèbres. La notion d'une telle hiérarchie me fait sourire. Si le mal désunit, affaiblit, trouble, n'est-il donc pas que pure anarchie? Quelle peut être sa véritable portée?

Aujourd'hui, j'ai simplifié la question. Si le mal existe, il ne peut cependant pas s'introduire par effraction dans mon cœur. Quand il y est présent c'est que mon égo l'a fait entrer par la porte d'en arrière. M'occuper du mal s'avère parfois une tâche impossible. Mais je peux très bien mater mon égo.

Lorsque j'ai quitté la communauté, j'ai éprouvé une haine indescriptible envers la personne en autorité à ce moment. Elle m'avait brisée, humiliée, trahie. Je souhaitais sa perte et sa destruction, rien de moins. Comment pouvais-je être habitée de sentiments aussi infâmes? J'ai été déstabilisée par mon désir de vengeance. N'aimant pas me voir dans cet état, je me suis épuisée à vouloir éteindre ces horribles pensées. Étrangement, plus je luttais contre l'œuvre du mal en moi, plus ma rage augmentait. Ce combat concrétisait ma souffrance d'avoir été abusée.

En lisant le livre de *UCEM*, j'ai saisi qu'une bonne partie du problème venait du fait que mon égo en rajoutait. Il alimentait ma conviction d'avoir été affaiblie au plus profond de mon être. Il me gardait éloignée de ma nature inébranlable et intouchable. Lorsque j'ai admis qu'étant en Dieu, je n'avais peut-être pas été aussi blessée que je le croyais, ma colère a diminué. Quand j'ai compris que non seulement cette personne n'avait pas touché à l'impeccabilité de mon âme, mais qu'en plus elle m'avait rendu service en m'ayant poussée à partir, mon pardon fut instantané.

Je ne pouvais pas m'occuper de la colère et de la rage en soi, mais je pouvais faire taire mon égo et m'ouvrir à une autre perception de tous ces événements.

L'égo possède un doctorat (avec mention honorifique) en *séparation*. Il maintient notre individualité à son summum en nous gardant au ras du sol. Il nous convainc que nous ne sommes qu'un corps, que seul ce que nos sens perçoivent est valable. Selon l'égo, ce *monde de mort rempli de dangers* constitue la réalité. Alors, il vient à notre secours et il se déploie tel un système de défense très sophistiqué qui voit de la menace partout. Il invente des attaques potentielles et y répond avant même qu'elles ne se manifestent.

Naturellement, il est facile de croire qu'une ouverture à la spiritualité nous délivre de notre égo. Pas du tout. Celui-ci redouble d'ingéniosité pour entretenir la division. Il peut fait croire que ce monde terrestre cause préjudice à notre union au divin, qu'il vaut mieux se couper de notre entourage et s'isoler. Certaines personnes vont même jusqu'à divorcer, déménager, changer de nom. Combien de nouveaux convertis rejettent leur famille et leurs amis sous prétexte que les personnes non croyantes ne peuvent les comprendre dans leur démarche?

Pour les chercheurs de Dieu tels que moi, un des pièges classiques de l'égo est de réprimer nos émotions négatives. Ainsi seuls de bons sentiments semblent nous habiter. Moi, hideuse au point de ressentir de la jalousie, de la colère, de la frustration? Jamais! J'étais convaincue de ne vouloir que le bien des autres et de ne poser que des jugements objectifs. L'égo encensait mon

« impartialité » au point où je considérais ma critique des autres nécessaire et constructive. Ainsi m'est-il arrivé de me croire vertueuse, et pour dire vrai : plus évoluée que le commun des mortels.

Mais à un certain stade du cheminement intérieur, le désappointement face à nos innombrables travers émerge. Alors, il est tentant de se rabattre sur le fait que nous sommes pécheurs, égarés ou simplement humains. L'égo peut même invoquer la grande miséricorde de Dieu pour nous consoler. Puisqu'il pardonne tout, à quoi bon s'améliorer et faire preuve de dépassement ? Ou encore, l'égo peut se réclamer de notre authenticité en nous convainquant de rester nous-mêmes, avec nos défauts et nos mauvais penchants.

Une spiritualité RÉGÉNÉRATRICE implique une bonne dose d'humilité. Non pas cette fausse modestie qui nous fait nous déprécier. Ste-Thérèse d'Avila, grande mystique du XVIe siècle et docteur de l'Église, affirmait ceci : « L'humilité, c'est la vérité. » Ce regard juste et pénétrant sur nos pensées, nos actions, nos paroles. Ne pas se penser à l'abri de l'égo. Admettre humblement nos erreurs de perception qui engendrent jugements et conflits. Savoir que le *pattern* se répétera de nouveau et qu'il n'en tient qu'à nous de ne pas céder à la division.

Grand ambassadeur de *UCEM*, Eckhart Tolle, explique très bien dans ses livres que nous ne sommes pas nos pensées, nos émotions, nos actes. Donc peu importe ce qui nous habite d'ignoble ou de mauvais, il ne s'agit pas de nous. L'introspection nous fait peur parce que, inconsciemment, nous craignons être une ignominie ambulante. Or, nous n'avons rien à voir avec les ténèbres. Nous sommes en Dieu, pure Lumière.

Je suis maintenant moins apeurée devant la laideur de mes sentiments, car ils ne me définissent pas. Lentement, une distance s'est installée entre mon égo et moi. Un nouveau sentiment a pris de plus en plus de place : la confiance. Quand la division se pointe sous forme d'angoisse, de colère ou d'inquiétude, je m'imagine n'avoir jamais quitté Dieu. Mes craintes s'affadissent aussitôt dans l'assurance que tout concourt à mon bien.

J'ai un jour entendu cette phrase : « Je ne suis pas plus, ni moins, que les autres. » Elle m'est souvent revenue en tête et depuis quelques années, elle éclaire ma recherche du UN. En y réfléchissant, je crois que l'égo s'en inspire continuellement pour nous tromper.

Chaque fois que je pense avoir PLUS de valeur ou MOINS de valeur qu'un autre être humain, je quitte le UN. Je me réclame d'être différente dans mon essence. La division nait dans mon esprit. L'égo jubile et s'empresse de me soutenir. Il y a une quantité infinie d'impressions qui permettent de reconnaître son œuvre. Voici celles qui me mettent la puce à l'oreille :

- Me sentir menacée et accusée ;
- M'inquiéter, avoir peur ;
- Prêter de mauvaises intentions aux gens, juger ;
- Penser que le succès d'autrui m'enlèvera quelque chose ;
- Projeter mes sentiments négatifs, chercher un coupable ;
- Me replier sur moi-même.

L'égo dramatise les situations. Il fait des montagnes avec des peccadilles. Il ne lui suffit que d'un simple malentendu entre deux personnes pour élaborer un scénario de guerre. Les illusions qu'il forme sont tellement plausibles que nous les soutenons sans nous questionner. Notre perception en est influencée et nous trouvons d'autres événements, d'autres paroles, d'autres éléments pour maintenir l'état de siège. Nous sommes convaincus d'avoir de bonnes raisons de nous sentir *plus* ou *moins* que l'autre.

Comme j'ai supplié le Ciel de me délivrer de mon égo ! Je n'ai jamais obtenu de réponse. Et pour cause. Puisqu'il s'agit d'un reliquat de notre désir de séparation, Dieu s'en moque drôlement. Si la séparation n'a jamais eu lieu, pourquoi ses vapeurs existeraient-elles ? Il a beau être le Tout-puissant, il ne peut tout de même pas faire disparaître quelque chose qui n'existe pas. Ainsi, l'égo ne me servirait que de complice imaginaire, histoire de résister encore un peu à Dieu.

•••

15.

FAIRE SON TEMPS

Embrasser hier, s'ouvrir à demain, mais vivre aujourd'hui

« Chaque jour devrait être consacré aux miracles. Le but du temps est de te permettre d'apprendre comment l'utiliser de façon constructive. »

Un cours en miracles, p. 4

Malgré les épouvantes de mon égo, il n'y a pas une journée où je ne pense pas à Dieu. Parfois, ce n'est qu'un clin d'œil de quelques secondes et, d'autres fois, je ressens le besoin de méditer de longues minutes. J'aime me recueillir et sonder mes profondeurs pour voir ce qu'elles contiennent.

Une quête spirituelle est une quête de sens. Une quête de sens est aussi une recherche d'identité. Mon attirance pour l'introspection a probablement vu le jour avec mon besoin de comprendre ce que je suis. Plonger à l'intérieur de moi m'a immanquablement placée devant des blessures anciennes ainsi que des événements difficiles qui avaient l'allure de plaies ouvertes.

Issue d'un monde de pensée linéaire, j'étais convaincue qu'il me fallait guérir mon passé avant de faire des plans pour l'avenir. Comment pouvais-je concevoir un futur épanouissant si j'étais mal en point en ce moment ? Déjà, mes chances de bonheur dans l'instant présent se trouvaient diminuées à cause des malheurs d'hier. Il fallait absolument que je remédie à la situation afin que demain soit heureux.

J'ai développé un nouveau passe-temps : ressasser le passé. J'analysais mes souffrances antérieures afin de comprendre mon mal-être. Par exemple, je soutenais la thèse que j'étais incapable de déplaire à l'autorité en raison de tel événement de mon enfance. Ou encore, je donnais une importance démesurée à de petits événements anodins qui avaient, semble-t-il, brimé mon potentiel. Je cherchais la provenance de mon angoisse ainsi que de mes douleurs au dos. Que de longues années ai-je gaspillées à tourner dans ce cercle vicieux, sans trouver de réponses valables.

Mes jérémiades entretenaient le mirage que j'étais estropiée de l'intérieur et que cela limitait mon pouvoir personnel. Au début, mes complaintes me faisaient du bien. Elles me permettaient de comprendre de façon bien rationnelle certains aspects de ma personne. Mais lentement, je me suis noyée dans un océan de « si ». Si seulement j'avais pris telle décision, si seulement je ne m'étais pas trouvée à cet endroit, si seulement j'avais étudié dans un autre domaine, si seulement je n'avais pas fréquenté ce garçon, si seulement j'avais été plus mince, si...

Je suis descendue dans des catacombes avec une lampe pleine d'huile propageant une lumière suffisante pour que je me repère. L'exercice n'avait rien de dangereux au départ. Mais quand l'huile a manqué et que la lueur a faibli, au lieu de rebrousser chemin pour remonter à la surface de la terre, je me suis entêtée à chercher une autre sortie. La lampe s'est éteinte et, tout à coup, je me suis perdue.

Je gardais le passé vivant. Comme si ce dernier était le gardien d'un secret à propos de mes souffrances, comme s'il détenait une clé capable de me libérer de mes malaises du temps présent. Il ne s'agissait plus d'une démarche spirituelle, mais d'une quête pleine d'égo. Et le propre de l'égo consiste à créer l'illusion qu'il y a eu brisure, fissure dans l'être profond.

J'avais débuté la lecture de *UCEM* depuis quelques mois quand, un matin de mes 35 ans, je me suis réveillée épuisée moralement et physiquement de mes douleurs au dos. Je ne pouvais plus supporter ni la douleur lombaire ni mon mal-être. J'avais consulté une douzaine de thérapeutes avec des approches plus variées les unes que les autres. Je constatais l'échec de mes démarches qui ne m'avaient procuré qu'un bien-être passager. Certains intervenants s'étaient révélés plus aidants que d'autres ; mais, au bout du compte, ils ne pouvaient accomplir l'impossible.

UCEM me suggérait page après page de cesser de vouloir traiter l'*effet,* mais de plutôt guérir la *cause.* Mon mal de dos tout comme mon mal-être n'étaient que des effets. J'en arrivais à la conclusion que la guérison ne proviendrait pas de l'extérieur, mais bien de l'intérieur de moi. Ma prière fut alors spontanée : « Je suis prête à considérer les choses différemment, s'il te plaît, éclaire-moi… Je ne cherche qu'à être heureuse. » J'ai alors ressenti un vif besoin d'ouvrir *UCEM* au hasard, souhaitant du même coup y trouver un message significatif. Mes yeux se posèrent sur le passage suivant : « Comment peux-tu souffrir, toi qui es si saint ? Tout ton passé a disparu, sauf sa beauté, et il ne reste rien, qu'une bénédiction. J'ai sauvé toutes tes gentillesses et chaque pensée aimante que tu as jamais eues[1]. »

Complètement bouleversée, j'ai compris en un éclair que le passé n'existait plus. Je m'entêtais à vouloir capturer des fantômes et j'ai abandonné cette poursuite sur-le-champ. Mon être a soudainement tourné cette page de mon livre de vie. Ce fut un puissant déclic, un moment très vif dans ma mémoire, que je qualifie d'expérience spirituelle. À partir de là, miraculeusement, je n'ai plus jamais regardé en arrière. Je n'ai plus cherché de réponses dans mon passé.

Oh, mes douleurs dorsales n'ont pas disparu sur le coup. Mais ma souffrance intérieure a diminué de 80 % parce que je ne percevais plus mon passé comme nuisible. Au contraire, j'ai accueilli tout ce que j'avais vécu en sachant que ma nature profonde se révélait intacte. Voilà le miracle ! Je me réappropriais mon histoire en devenant forte de tout ce que j'avais vécu, sans aucune envie de changer quoi que ce soit au passé. Chaque événement avait contribué à me faire grandir et à me convaincre de ma puissance. Tout était parfait.

Une spiritualité FORTIFIANTE fuit la fatalité et se prévaut d'un optimisme où rien n'est définitif. Elle ne peut nous garder prisonniers de nos erreurs, de nos blessures ou suggérer que nous devions payer pour nos fautes, comme s'il fallait *faire son temps*. Quel crime pourrait résister à l'amour immuable de Dieu ? Sainte Thérèse de l'Enfant-Jésus a écrit que « ce n'est qu'une goutte d'eau dans un brasier ardent ».

---

1. *UCEM*, p. 88.

De quoi la réalité est-elle faite sinon que de perceptions ? Alors, en modifiant notre perception, nous avons le pouvoir de fabriquer la réalité que nous voulons, et ce, même quand il est question du passé. Un enseignement spirituel sain consolide notre acceptation des événements et privilégie les interprétations positives.

Plusieurs maîtres spirituels nous rappellent que le temps est une illusion. J'avoue que c'est une démarche difficile pour notre esprit humain que d'imaginer l'éternité, cet espace où le temps n'existe pas. Et que deviennent les notions de passé, présent, futur dans l'éternité ? Est-ce à dire que tout se joue au même moment ?

Vu de cette façon, le futur aurait déjà eu lieu. Sauf que je ne peux croire que notre destinée soit déjà tracée puisque notre liberté a son mot à dire. Néanmoins, j'ai l'intuition que ce que nous souhaitons pour l'avenir est *déjà là* et qu'il nous suffit d'ouvrir les bras pour le recevoir.

À quoi servent donc nos conditionnements positifs, ces phrases pour nous attirer de bonnes choses ? Ou la liste de nos objectifs à court, moyen et long termes ? Et que penser du tableau de rêve que certains se confectionnent chaque année ?

Je perçois ces démarches comme un entraînement. Elles nous aident à nous rappeler que nous sommes faits pour l'abondance, la joie, la paix. Elles développent notre conviction que la félicité est notre droit le plus légitime. Ainsi, plus cette ouverture se fait en notre esprit, plus nous sommes réceptifs aux bontés que l'Univers a déjà pour nous.

S'accrocher au passé revient à croiser les bras face à l'infini, qui ne souhaite que se déverser. Du moment que j'ai compris que le passé n'existait plus, j'ai créé de l'espace en moi pour du neuf. Dans les années qui ont suivi, mon existence fut complètement transformée. De formidables perspectives d'avenir se sont présentées, et me sachant puissante, j'ai eu le courage de les saisir. Ma vie a commencé à ressembler à ce que j'avais toujours imaginé depuis ma jeunesse : épanouissement, bonheur, accomplissement, succès, etc.

Il nous faut aussi nous départir de notre soif de l'avenir. Notre société de performance et de prévoyance nous persuade que notre présent détermine notre futur. Convaincus que nous avons un total contrôle, la contention d'esprit s'installe et nous devenons sélectifs. La *zénitude* ne doit-elle pas régner pour le bien de notre avenir ? Rien ni personne ne doit perturber notre confort ainsi que l'harmonie que nous nous évertuons à créer. Nous éloignons les personnes négatives ou souffrantes, nous fuyons les situations qui provoquent en nous un malaise, nous coupons les ponts avec les êtres qui menacent notre paix d'esprit. Il faut que tout se déroule comme nous l'envisageons.

Le futur dépend de notre *non-résistance* à ce qui est *maintenant*, peu importe que ce qui est en train de se passer nous plaise ou non. Accueillir le dérangement, la souffrance et même le chaos. Accepter. Consentir. Supporter. Permettre. Non par résignation, mais avec une totale confiance que malgré nos plus brillants scénarios d'avenir, il y a encore mieux qui nous attend.

Nous avons la possibilité de faire ce que nous voulons du temps. Il repose au creux de notre perception telle une pâte malléable, modelable à souhait. Dieu se moque de cet étau passé-futur dans lequel nous nous trouvons coincés. Il ne nous conçoit que dans l'Éternité, là où nous demeurons purs, puissants, inébranlables quoi qu'il arrive. Et le seul temps de verbe qui s'accorde à cette perspective éternelle se nomme LE PRÉSENT.

•••

16.

LA CONTEMPLATION ACTIVE

Concilier le spirituel et le tangible

« Il est un lieu en toi que le temps a quitté ; et où des échos de l'éternité sont entendus. »

Un cours en miracles, p. 659

Être présent à la Présence. Cette expression, apprise lors de mes années religieuses, résume parfaitement le concept très abstrait de demeurer en Dieu. Dès que je quitte le présent pour entretenir des regrets, des rancœurs ou encore pour m'inquiéter, je perds de vue Dieu.

Jadis, j'ai associé la Présence à des émotions ainsi qu'à de l'exaltation. Si je ne ressentais pas le divin de façon palpable, je croyais avoir perdu sa grâce. Plusieurs grands mystiques, dont saint Jean de la Croix, appelle *nuit des sens* cette étape aride où les sensations spirituelles se font rares et presque absentes. La relation à Dieu ici-bas reste conditionnée par notre nature humaine et n'échappe pas aux aléas du temps. Un coup de foudre ne dure pas indéfiniment, les papillons dans l'estomac finissent par disparaître, est-ce une raison de penser que l'amour n'est plus ?

Plus que jamais, nous vivons à fleur de peau. Nos sens semblent seuls maîtres à bord et nous les laissons déterminer de ce qui est réel ou de ce qui ne l'est pas. Ressentir du plaisir ainsi que du bien-être physique est la drogue des temps modernes. Dès qu'une situation ne produit plus d'adrénaline ou d'excitation, nous sommes tentés d'en disposer. Forcément, le consommable et le jetable se répandent jusque dans nos relations. Nous en déduisons que l'*engagement* consiste à obéir à chacune de nos impulsions.

Une vie spirituelle SATISFAISANTE dépasse le simple plaisir. Un jour ou l'autre, la recherche de sensations corporelles « surnaturelles » doit faire place à une approche plus mature. Être privé de ces petites douceurs ne signifie pas que Dieu nous abandonne. Ressentons-nous l'oxygène que nous respirons ? Pourtant, sa présence reste indéniable, sans quoi nous ne serions plus en vie.

La spiritualité est devenue une industrie. Aussi nobles soient ces motifs, il n'en demeure pas moins qu'elle possède un côté mercantile. Auparavant, seuls les lieux saints ainsi que les destinations de pèlerinage profitaient de ce commerce par la vente d'objets pieux. Aujourd'hui, toutes les librairies possèdent leur section « spiritualité », et ces rayons débordent d'ouvrages. Les boutiques ésotériques, où l'on peut se procurer une foule de gadgets, ont également pignon sur rue. Conférences, séminaires et séminaires Web s'avèrent d'autres façons de dépenser pour notre vie intérieure.

Il m'apparaît heureux que les gens se préoccupent ainsi de leur cheminement personnel. Et si je vous propose ce livre, c'est pour vous disposer à votre propre démarche. Mais jusqu'où doit aller cette consommation ? Parce qu'au fond, une relation avec Dieu ne requiert ni manuel d'instructions, ni encens, ni traitement énergétique, ni objet sacré. Il suffit de se fermer les yeux et de devenir présent à la Présence. Et dans le concret du quotidien, il s'agit de la même disposition : être présent aux gens, aux événements, aux situations ainsi qu'aux tâches que nous exécutons.

Cérémonie religieuse, équilibrage des chakras, consultation de médium, participation à un ressourcement, lecture de livres, purification d'un lieu, régime alimentaire restreint, tout cela demeure aidant tant que nous n'en devenons pas dépendants. Lorsque je considère que ma vie spirituelle court un danger parce que je n'ai pas accompli un de mes rites, je passe à côté de Dieu. Étant obnubilée par ce que j'ai omis de faire, je ne suis pas présente à ce qui est maintenant. La piété, même la plus moderne, consiste d'abord en une disponibilité de notre être au moment présent.

L'un des défis les plus considérables de l'odyssée spirituelle consiste à équilibrer vie active et vie contemplative. Je me suis retrouvée souvent devant le dilemme de ces deux mouvements qui semblent opposés en apparence. En communauté, je n'avais pas à me casser la tête puisque je consacrais trois heures par jour à la prière. Cependant, une fois de retour dans le *monde normal*, mes habitudes pieuses ne furent plus jamais les mêmes.

Être sur le marché du travail et avoir un enfant place les mamans devant l'enjeu de la conciliation travail-famille. Et pour une *junkie* spirituelle telle que moi, le défi se voulait double, car je recherchais également une conciliation action-contemplation. Combien de fois me suis-je sentie coupable de ne pas assez méditer ? Or, *UCEM* m'indiquait clairement que ma culpabilité me gardait encore plus éloignée de Dieu.

Il me fallait ainsi trouver une nouvelle forme de pratique spirituelle. Un truc qui me garderait présente à la Présence, et ce, même dans l'action. J'avais développé l'habitude d'être disponible aux autres depuis la vingtaine. J'ai souvent eu la remarque suivante : « Quand tu t'intéresses à nous, Marie-Josée, on a l'impression d'être la personne la plus importante au monde ! » J'ai réalisé qu'il s'agissait d'une forme de contemplation de ma part. Mon accueil de l'autre se voulait presque un acte pieux.

Il n'en demeure pas moins qu'une grande partie du quotidien ne se déroule qu'avec moi-même. Comment expérimenter la contemplation dans chaque action ? Constamment, je relisais le conseil de Marianne Williamson : « Si nous laissons notre lumière briller… » Étonnamment, mon désir de contemplation m'a conduite à une remise en question au plan professionnel.

Sauf que le questionnement se voulait assez primaire. Je n'avais jamais su quel métier exercer. J'enviais mes copines aux carrières bien établies et passionnantes. Néanmoins, le parcours conforme ne s'était jamais appliqué à moi. Mon père a créé plusieurs entreprises inusitées, et j'ai été impliquée jeune dans cet environnement coloré. Ce qui a fait de mon curriculum vitæ une carte de visite non conventionnelle : gérante de restaurant, directrice de la vente souvenirs pour des spectacles de *monster trucks*, chargée de projet pour une exposition de dinosaures… À cela s'ajoutait aussi : religieuse, animatrice de pastorale et vendeuse d'assurance-vie. Inconsciemment, je n'arrivais pas à faire la paix avec tant de marginalité.

À la fin de l'année 2007, lors d'une méditation, j'ai compris que je redoutais d'être une entrepreneure. La dose d'autonomie et de pouvoir personnel que cela requiert m'avait toujours arrêtée. Ce soir-là, devenir mon propre patron m'a semblé faire partie de ma destinée. En pensée, j'ai ouvert mon cœur en disant à Dieu : « Si telle est ta volonté de bonheur pour moi, je l'accepte. »

Je peux encore ressentir l'effet de *plaque tournante* à ce moment de mon existence. J'ai appelé une médium que l'on m'avait référée et lors de notre entretien téléphonique, elle a déclaré : « Tu es un soleil. Tu es venue apporter joie et légèreté. Parce que tu bouges constamment, tu pousses les gens à se questionner sur leur choix ainsi que sur leurs valeurs. Tu es une invitation vivante à ce qu'ils quittent leur *case* pour expérimenter autre chose. » Et elle m'annonça que ma situation professionnelle changerait souvent puisque je suis une multidisciplinaire.

Instable ? Indécise ? Tourmentée ? Même pas ! Je n'aurais pas été offusquée si elle avait prononcé ces mots. Elle a plutôt dit : *soleil, invitation vivante, multi-talentueuse.* Gna-gna-gna-gnagnan ! Pied de nez à mes détracteurs : ceux et celles qui, embarrassés par mes choix depuis longtemps, avaient renoncé à me comprendre.

En un clin d'œil, je ne me sentais plus *changeante* ou *marginale.* Même l'idée d'une variété de carrières me plaisait. Ce fut l'unique fois où j'ai eu recours à un service téléphonique de médiumnité et, malgré l'excentricité de la démarche, cela a valu son pesant d'or.

Ce changement de perception a renforcé des intuitions auxquelles j'ai cessé de résister. Six semaines après cette consultation, les choses ont bougé au point où j'ai démissionné d'un emploi très stable afin de démarrer mon entreprise dans la vente de produits Tupperware.

Cette nouvelle carrière faisait chanter mon cœur. J'avais l'impression de déployer mon potentiel comme jamais auparavant. En trois mois, j'ai remplacé le revenu de mon précédent emploi. L'univers semblait m'appuyer dans ma détermination. Grâce à ma formidable équipe de vente, il ne m'a fallu que trois années pour me hisser parmi l'élite nord-américaine de l'entreprise.

L'argent, les voyages ainsi que les diamants affluaient. Surtout, j'étais entourée de personnes extraordinaires qui m'ont toujours encouragées à aller de l'avant.

Enfant, il m'arrivait de m'endormir en ayant hâte au lendemain. Une fois devenue adulte, cette passion a disparu et, secrètement, je souhaitais la retrouver. Changer de carrière, exercer mes talents, respecter mes priorités, laisser ma lumière briller m'a permis de retrouver l'excitation de l'enfance. Mon existence a pris des allures de célébration et j'ai recommencé à vivre à plein! Sans m'en rendre compte, je suis devenue plus heureuse, plus libre, plus sereine, plus joyeuse. Plus présente à la Présence.

Exploiter notre grandeur et déployer notre potentiel, n'est-ce pas pure contemplation? Honorer Dieu en nous ne se limite pas qu'à des pensées ou à des paroles. Notre gratitude doit également se traduire en *action* en faisant fructifier nos capacités ainsi que nos talents naturels. La contemplation doit s'incarner, de là l'importance du *faire*.

On ne peut prôner davantage l'*être* que le *faire,* car ces deux mouvements demeurent indissociables. Ils doivent s'inscrire dans le parfait équilibre de l'Unité. Comment être dans le faire? Comment faire dans l'être?

Devant le débordement d'occupations du quotidien, il n'y a pas lieu de renoncer à la vie contemplative pour autant. La dévotion ne concerne pas que les moines tibétains ou les sœurs cloîtrées. En fait, Dieu se moque du nombre de minutes que nous lui consacrons. Quoi que nous fassions, il souhaite simplement que nous soyons présents à ce qui est, maintenant. Que la contemplation et l'action s'unifient dans une expression spirituelle des plus branchées: la contemplation active.

•••

17.
DUEL DE LA MORT
Engagés les uns envers les autres

« Rien ne peut te blesser à moins que tu ne lui en donnes le pouvoir de le faire. »

Un cours en miracles, p. 462

Si l'enfance est pleine de *présence*, elle vient également avec son lot de désillusions. Avant d'apprendre à aimer, l'être humain apprend d'abord à se défendre de l'attaque de ses pairs. Oh, il y a certes des fragments de bonté, de générosité, mais ils se perdent dans un océan de tensions et de divisions. Ici-bas, n'est-ce pas chacun pour soi ?

Ainsi, nos relations interpersonnelles prennent parfois l'allure de duels. Toisant du regard notre adversaire, notre main est prête à dégainer au moindre faux pas de sa part. Un rituel plutôt masochiste puisque chacun risque d'y laisser sa peau. Comme quoi l'attaque a toujours son revers.

Mon garçon de 6 ans est en pleine conscientisation de la notion *des bons et des méchants*. Ses jeux (même les plus inoffensifs) prennent des allures de guerre et de combats. Sans parler du mot *mort*, qu'il ajoute pour accentuer la gravité : bataille de la *mort*, course de la *mort*, etc. Malgré le contrôle parental que nous exerçons sur le choix de ses divertissements, on dirait que dans son univers juvénile, tout semble être un duel de la *mort*.

Fillette, j'adhérais à ces belles images d'une humanité se donnant la main et enveloppant la terre d'une belle ronde. En grandissant, j'ai saisi que ce n'était qu'un fantasme et non une réalité. Ainsi, chacune de mes poussées de croissance s'est accompagnée de la formation d'une carapace, celle dont on se couvre quand on a trop de chagrin.

Manœuvrer avec une carapace n'a rien de convivial. Si elle protège des attaques, elle empêche cependant l'amour d'autrui de passer pour nous réchauffer. De plus, on s'entrechoque continuellement, et même les accolades les plus amicales conservent un côté rugueux. Avec le temps, il devient plus facile de se replier sur soi que de pardonner. Notre cuirasse finit par devenir une caverne de laquelle nous n'osons plus sortir.

Se penser exclu de Dieu nous laisse croire que le UN est impossible et que la *dualité* est réelle. L'ouvrage *UCEM* chante le même refrain page après page. À croire que nous sommes des incultes de l'Unité. Oui, malgré notre désir d'altruisme, nous agissons comme des *séparés*, des *carapacés*, ce qui fait de nous des forces en continuelle opposition.

Lors de mon entrée en religion, j'ai reçu un appel retentissant à la fraternité. Je ne pouvais concevoir de me donner à Dieu avec une carapace, alors j'ai voulu m'en débarrasser. Pour m'ouvrir aux autres, un changement de perception s'imposait. Le premier pas fut de cesser de croire que l'humain est foncièrement mauvais. Plutôt entrevoir la possibilité qu'il soit bon. Malgré cette chaleureuse initiative de ma part, je concevais toujours l'autre comme distinct de moi. Mes bonnes intentions avaient donc leur limite.

Le changement de perception que *UCEM* m'a permis d'opérer fut de voir l'autre faisant partie de moi et vice-versa. Comme si nous ne formions qu'*un* plutôt que *deux*. Au départ, je me trouvais louable d'entrer dans cette vision. Cependant, cela a levé le voile sur un horizon assez perturbant. Si nous sommes *un*, qu'y a-t-il au dehors de moi qui ne soit pas moi ? Ce que je vois dans l'autre ne me parle-t-il pas de moi ? Et il y avait tant de choses qui me déplaisaient dans les autres. Une résistance insoupçonnée a surgi de nulle part. Je voulais que les pores de ma peau se resserrent et soient plus denses que jamais pour préserver mon individualité.

Bien sûr, *UCEM* y va de ses propres explications sur le phénomène de la projection. Il semble que notre peur-culpabilité d'origine nous soit tellement insupportable que nous ne cessons de la « voir » à l'extérieur dans notre entourage ou dans les circonstances. Que nous en soyons conscients ou non, nous utilisons notre environnement pour justifier cette haine que nous éprouvons envers nous-mêmes d'avoir quitté Dieu. Autrement dit, l'autre nous renvoie l'image de ce que nous revendiquons inconsciemment. Tout comme nous faisons dire ce que nous voulons aux événements. Ne voir qu'un monde chaotique, menaçant et tumultueux est le signe que nous pensons avoir déserté l'Amour.

Changer de perception ne consiste pas seulement à excuser la mauvaise humeur du commis d'épicerie en pensant qu'il vit peut-être un truc difficile ou de pardonner à une copine trop occupée ses indélicatesses. Il s'agit d'aborder chaque tension, chaque malentendu, chaque altercation, en admettant que le problème n'est nulle part ailleurs qu'en moi, dans ce que je *choisis de voir*.

Mes nombreuses années de travail dans le public m'ont prouvée que la reconnaissance évite la plupart des conflits. L'être humain ne demande qu'à se sentir aimé et valorisé. Nombre de nos faits et gestes provocateurs sont posés dans le but d'avoir l'attention d'autrui. Nous voulons nous sentir importants ! Alors, dans l'affrontement, j'ai toujours le choix de *voir* une attaque de l'autre ou de *voir* son criant besoin d'être reconnu.

La psycho-pop propose parfois la théorie que ce qui me perturbe chez l'autre est quelque chose que je n'accepte pas de moi. Je ne sais pas jusqu'où on peut être aussi précis. Une approche individualiste du phénomène de la projection entretient la *séparation* puisque l'on tombe vite dans la comparaison. Devant la colère d'un chauffeur ou l'ingratitude de ma voisine, il s'avère facile de penser : « Je ne suis pas aussi colérique que lui et je suis beaucoup plus généreuse qu'elle ! » La projection de *UCEM* s'étudie dans l'idée du *un* où la notion d'un *autre* n'existe pas. Il devient alors impossible de comparer, donc d'ouvrir la porte au jugement.

Mes difficultés relationnelles viennent du fait que je considère l'autre comme extérieur à moi. Et aussi louables soient mes démarches de fraternité, elles demeurent limitées si l'autre reste *autre*. Aimer véritablement, c'est comprendre que l'autre fait partie de moi et que je fais partie de lui. L'Unité consiste à ne plus faire de différence. Quand je prends soin de mon entourage, je me témoigne de l'amour. À l'inverse, chaque fois que j'attaque l'autre, je m'impose de la souffrance même si, sur le coup, je ressens une satisfaction momentanée.

Il faut avoir détesté passionnément pour comprendre que la haine ne détruit rien d'autre que soi-même. J'ai expérimenté cette rage presque meurtrière. Elle m'a permis de comprendre que parfois, sur le plan de mes intentions, il n'y a aucune différence entre moi et le pire des criminels. Ce fut l'une des plus grandes leçons d'humilité de mon existence. Toucher ainsi l'abomination m'a convaincue à jamais que nous sommes des *semblables*. Oui, chacun de nous est capable du meilleur comme du pire.

Or, pour sortir de l'impasse relationnelle, deux options s'offrent à nous : aller vivre sur une île déserte ou pardonner. Oui, **une vie spirituelle PARADISIAQUE** implique le pardon. À petit et à grand déploiement.

Je crois que le pardon demeure très personnel en sa définition et en son application. Il y a des étapes à franchir et, parfois, le processus s'échelonne sur plusieurs années. Le livre *UCEM* affirme que pardonner totalement va jusqu'à rétablir le contact. Et naïvement, je l'ai pris au pied de la lettre. Ainsi je me revois écrire aux supérieures de la communauté, sept ans après mon départ. Je leur demandais pardon et je leur offrais le mien. Avec quel soulagement me suis-je rendue à la poste, convaincue que ma missive aurait un effet bénéfique sur moi et sur ces personnes ! Quelle présomption…

Mon cœur s'en est trouvé allégé jusqu'à ce que je reçoive une réponse de leur part, aussi froide qu'un bloc de glace. Des deux personnes m'ayant écrit, aucune ne me demandait pardon. L'une soutenait même ses agissements passés bien que j'avais exprimé ouvertement le mal que cela m'avait causé. Manifestement, ma démarche n'avait rien changé pour elles.

Rétablir le contact, mon œil ! Jusqu'à ce que je saisisse que pardonner consiste à *inclure à nouveau l'autre dans l'Unité universelle*. Cesser de l'exclure. Compassion. Choisir de voir ce qui le pousse à être ainsi. Compassion. Reconnaître qu'il souffre plus que moi. Compassion. Entrevoir que son intention première n'était pas de me blesser. Compassion. Faire taire mon égo qui s'insurge : « Oui mais… » Compassion. Offrir mon pardon sans attentes. COMPASSION.

Certes l'attaque semble réelle. Elle blesse notre amour-propre. Elle affaiblit notre estime personnelle. Elle brise le corps, parfois jusqu'à la mort. Mais elle ne peut atteindre l'âme, ce joyau éternel farouchement enfoui en Dieu. Tout ce qui vit en l'Amour est intouchable. L'attaque ne peut y avoir lieu. Voilà pourquoi *UCEM* mentionne que le pardon ne s'avère nécessaire qu'ici-bas. Aucune menace ne peut perpétrer dans la partie éternelle de notre être, aucune blessure, aucune brisure ne peut s'y produire, alors qu'y aurait-il à pardonner ?

J'ai des amis qui ont subi la pire des atteintes. Leur belle jeune fille a été sauvagement assassinée. Je n'ose même pas imaginer la douleur, la rage, la souffrance qu'ils ont endurées. Et malgré tout, lorsqu'ils parlent d'elle, ils le font comme si elle était bien vivante et surtout, *intacte*. Ce qu'il y a de plus réel en elle subsiste toujours. Chaque fois que je les entends invoquer la *présence éternelle* de leur enfant, ce passage de *UCEM* me vient en tête :

> *Quand ton corps et ton égo et tes rêves auront disparu, tu connaîtras que tu dureras à jamais. Peut-être penses-tu que cela s'accomplit par la mort, mais rien ne s'accomplit par la mort, parce que la mort n'est rien. Tout s'accomplit par la vie, et la vie est de l'esprit et dans l'esprit. Le corps ne vit ni ne meurt, parce qu'il ne peut te contenir, toi qui es la vie[1].*

Parce que mes amis ont plongé dans l'Éternité, ils ont aussi choisi de s'impliquer activement. Avec d'autres parents, ils ont obtenu l'adoption d'une loi fédérale visant à soutenir financièrement les familles d'un enfant assassiné ou disparu. À sa façon, l'Amour a triomphé.

---

1. *UCEM*, p. 111.

Encore plus près de moi, mes propres parents continuent de m'inspirer. Même s'ils ont divorcé il y a plus de vingt ans, notre dynamique de famille n'en a jamais souffert. Pour nous, leurs trois enfants, il n'y a jamais eu de différence entre *avant* et *après* le divorce. À chaque événement important ou pour un simple brunch du dimanche, mes parents sont toujours présents, tous les deux, avec leur sourire et leur bonne humeur.

Ils ont pris la décision d'être l'un POUR l'autre et non l'un CONTRE l'autre. Ils se sont fait le cadeau mutuel de rester amis. Je me doute qu'ils n'ont pas toujours eu de bons sentiments l'un envers l'autre, mais ils en ont fait abstraction et cela a rejailli positivement sur notre cellule familiale. Ils sont mes héros de l'Amour et j'ai une admiration sans bornes pour eux !

Bien entendu, ils ont choisi d'agir comme des adultes matures. Mais j'ai la certitude qu'ils se sont ralliés à une force intérieure beaucoup plus grande que leur propre capacité à aimer. D'instinct, leur essence profonde a pris le contrôle de la situation. Plutôt que de se lancer dans un duel qui aurait tout détruit, ils ont plongé dans l'une des plus puissantes énergies à notre disposition : l'Unité.

L'Amour est entier. On ne peut y adhérer seulement quand tout va bien et cesser d'aimer lorsque la relation tourne au vinaigre. C'est tout ou rien. Mes parents ont réussi leur mariage bien plus qu'ils ne l'envisagent. La promesse qu'ils se sont faite quarante ans passés, de s'aimer à la vie et à la mort, ils la respectent toujours. Ils me démontrent que la *séparation* demeure une illusion. Ils ont beau être séparés en apparence, leurs âmes continuent de ne former qu'UN.

L'Amour ne peut jamais servir de justification à l'attaque. Lorsqu'il y a attaque, il y a peur. Un peu d'introspection suffit pour identifier que je m'en prends à l'autre parce que je me sens menacée, insécurisée, inquiète. Et mon fils a bien raison d'associer le duel à la *mort*. Car l'affrontement ne produit pas de Vie, il engendre plutôt la colère, la vengeance, l'animosité, la rancœur, la tristesse, le rejet, bref des situations de *mort*.

Au Ciel, les prières concernant l'affrontement et le duel ne trouvent pas de réponse. Dieu s'en moque ! Non par arrogance, mais simplement parce que là-haut, où tout est UN, la notion d'opposition n'existe pas. Mais si notre demande est *pour* l'autre, et non pas *contre* lui, notre requête est classée prioritaire.

•••

18.
COMME AU THÉÂTRE

Assumer notre unicité et avoir confiance

....

« Les miracles sont naturels. C'est lorsqu'ils ne se produisent pas que quelque chose ne va pas. »

Un cours en miracles, p. 3

....

Sans l'enceinte du corps, que sommes-nous ? Sans l'arène du temps, que reste-t-il de notre quotidien ? Nous vivons dans un monde où nous utilisons les autres ainsi que les circonstances pour renforcer notre individualité. Et notre existence s'écoule tel un imbroglio fumeux, alors qu'elle pourrait prendre la facilité du *un*.

Au théâtre de l'Humanité, la mise en scène s'avère des plus fragmentées. De prime abord, nous naissons dans un corps *séparé* des quelques membres de notre famille. Notre famille est une entité *séparée* des multiples familles de notre village. Notre village est une terre avec des limitations, *séparant* ainsi les arrondissements les uns des autres. Notre pays a des frontières géographiques, raciales et linguistiques. La planète sur laquelle nous vivons flotte dans l'Univers, *séparément* des milliers d'astres qui s'y trouvent.

L'intrigue se déroule sous le signe de l'opposition : pour ou contre, yin ou yang, positif ou négatif, gentil ou méchant, bien ou mal, gagnant ou perdant, riche ou pauvre, malheureux ou heureux, mort ou vivant. Et cetera.

Les acteurs interviennent donc sur la défensive, dans la puissance de leur égo, et chaque scène ajoute à l'embrouille. Cette existence semble une continuelle lutte. Il faut se battre pour obtenir ce que l'on désire. Se défendre contre la menace. Affronter les épreuves. Se justifier face aux autres. Venger les plus faibles. S'attaquer à un projet. Défier le vieillissement du corps. Il y a toujours une notion de combat quelque part. Même notre bonne volonté et les meilleures situations nous plongent parfois en plein conflit ! Qui n'a jamais nui à quelqu'un dans le but de rendre service à un autre ? Ou sacrifié un individu pour le bien-être collectif ? Qui n'a pas déjà eu de reproches à la suite d'une action bien intentionnée ?

Partout, dans la dramaturgie humaine, ainsi que dans chaque fibre de mon être, je vis, je vois, je ressens la *séparation*. Campée dans mon rôle de *séparée*, comment me distinguer de ce personnage divisé ? Il semble être plus vrai que moi-même. Parfois, dans un élan d'unité, je tente de repousser la *dualité* avec véhémence.

Malgré ma détermination à contrer la division, je suis forcée d'admettre que la force éblouissante de l'Unité universelle a depuis longtemps réglé le cas de la sombre dualité. Comme le dit le célèbre Prologue de saint Jean : « La lumière brille dans les ténèbres, et les ténèbres ne l'ont point étouffée. » *UCEM* m'a fait comprendre que le UN ne requiert aucun effort de ma part. Il s'agit du mouvement le plus naturel de mon âme, mais je ne m'en souviens pas.

Mon principal apprentissage ici-bas consiste à me rappeler mon identité. Évidemment, cette conscientisation ne se fait pas dans les airs, plutôt dans le terre à terre du quotidien.

Notre vie est portée par la mouvance du UN. Ce que nous avons vécu et ce que nous vivrons s'inscrit dans une unité. Or, puisque nous avons tendance à *séparer*, nous aimerions parfois nous débarrasser de certains événements ou de la présence de personnes qui ont été source de souffrance. Consentir à l'entiè- reté de notre expérience humaine, autant sur les plans personnel, familial, professionnel, relationnel, quel défi de taille ! Et en fait, est-ce possible ?

Il y a plusieurs années, j'ai revu une copine qui avait subi un grave accident. Alors qu'elle roulait à vélo, elle a été happée par un chauffard. Son pied fut littéralement arraché et elle a subi une amputation de la jambe. À l'aube de la vingtaine, intelligente, talentueuse, belle, élancée, cette épreuve aurait pu assombrir son avenir. Lorsque je l'ai retrouvée, nous avons parlé longuement et elle m'a confié : « Pour avoir compris tout ce que j'ai compris sur la vie, je repasserais n'importe quand par cette épreuve. » Une flamme dansait dans ses yeux, tandis que les miens se remplis- saient de larmes. Ses paroles, empreintes d'indestructibilité, se sont gravées en moi.

Mon amie a fait UN avec cet événement. Plutôt que de le rejeter, que de s'en *séparer* en se révoltant, elle a ouvert les bras sans résister (comme un certain gars sur la croix). Elle a saisi d'instinct que ce qui lui arrivait ne la définissait pas. Elle n'était pas ce drame, elle n'était pas la mort qui l'avait menacée, elle n'était pas ce corps avec une jambe en moins. Elle se voulait plus grande que ces circonstances. Elle s'est souvenue de sa nature divine. Et bien qu'elle ait perdu plus de 2 litres de sang, la guérison de ses blessures fut rapide et prodigieuse. Ce qui lui fut révélé semble dépasser la pure théorie mystique, comme si le voile entre elle et Dieu avait disparu.

Pour **une spiritualité MIRACULEUSE**, il faut renoncer à promouvoir et à soutenir la *séparation* dans notre existence. Accepter de faire avec ce qui a été, ce qui est et ce qui sera. Les miracles sont détenus par ceux et celles qui reconnaissent que seul l'Amour de Dieu, entier et total, est réel. Il n'y a donc rien à regretter ou à craindre puisque chaque événement, chaque personne se trouve déjà en pleine lumière. Laisser ce mouvement envahir notre conscience, c'est activer la puissance infinie du UN.

Je ne perçois plus le cheminement spirituel tel un avancement hiérarchique où il faut gravir des échelons vers la sainteté ou l'illumination. Avancer, croître, évoluer consiste davantage à revenir au centre de son être. La vie m'apparaît sous la forme souple d'un cercle plutôt que sous la ligne rigide du temps. Les circonstances du passé, les événements du présent ainsi que les rêves du futur s'arriment dans une sagesse que notre âme sait reconnaître.

Plus je converge vers mon centre, plus les expériences ainsi que les situations qui me semblaient sans aucun rapport se mettent à avoir un sens. Même des événements douloureux m'apparaissent lumineux. Les pièces du puzzle s'assemblent. Je revisite mon existence, non pas tels des fragments disparates, mais bien comme un *tout*. Ce que je constate maintenant, c'est que certaines de mes propres erreurs ou celles des autres à mon égard ont finalement tourné à mon avantage.

La félicité que Dieu nous offre ne vient pas comme un jouet bon marché en pièces détachées et piles non comprises. Elle est complète et totale. Il suffit de l'embrasser. Ce type de consentement produit des résultats presque surnaturels, laissant parfois croire à une intervention divine. Au lieu de regimber, de s'apitoyer, pourquoi ne pas *voir* l'occasion de devenir meilleur? Pourquoi ne pas opter pour la *miracle attitude*?

Depuis quelques années, j'ai le sentiment que mon existence baigne dans un continuel miracle. Non, je ne marche pas sur l'eau et je ne guéris pas de malades. Sauf que pour une femme qui s'est désespérément languie de sa raison d'être sur terre, quoi de plus miraculeux que de ne plus avoir besoin de chercher? En faisant UN avec tout ce qui arrive, la perception même de ma quête s'en est vue transformée. Je ne ressens plus le besoin de chercher ce que j'ai à accomplir, car j'ai compris que cela vient à moi naturellement. Ma perception renouvelée ne *voit* plus des obstacles ou des déceptions, mais plutôt des *services que la vie me rend*. Même dans la contrariété, je garde le sentiment que les planètes semblent parfaitement alignées, que ce que j'entreprends se déroule comme sur des roulettes, que mes rêves deviennent réalité et que les problèmes trouvent leur solution.

Mon seul mérite fut de me défaire de mon volontarisme, c'est-à-dire de cette obstination à ce que les choses se déroulent selon mon scénario. Trop vouloir revient à opposer de la résistance. J'ai appris à *avoir confiance*. Quand les événements dérogent à mon script, je ne laisse plus entrer le doute et l'inquiétude. Je m'ancre dans la confiance, comme le résume l'illustre auteur Og Mandino[1]: «Ma réussite et mon bonheur ne dépendent pas

---

1. Auteur de renommée mondiale dont l'ouvrage à succès *Le plus grand vendeur du monde* s'est vendu à plusieurs millions d'exemplaires. Il est facile d'en apprendre un peu plus sur lui en consultant son site (en anglais seulement): www.ogmandino.com

des efforts que je fais pour voir ce qui se cache indistinctement à l'horizon, mais de ceux que je fais pour accueillir et accomplir avec joie tout ce qui s'offre à moi aujourd'hui. »[2]

Je rêve d'écrire et d'être publiée depuis longtemps. Lorsque mon amie Julie Vincelette et moi avons créé un blogue à saveur de croissance personnelle, nous souhaitions que nos anecdotes de bonheur deviennent un livre. Pour y arriver, la démarche traditionnelle aurait été de rassembler nos textes, de développer un concept accrocheur et d'aller frapper aux portes des maisons d'édition. Avec beaucoup d'efforts et de conviction, nous aurions peut-être trouvé preneur. Or, la vie nous a proposé une autre tournure.

Après une année de publication sur notre blogue, j'ai reçu une étrange demande. Après avoir lu mon histoire d'ex-religieuse sur le Web, la recherchiste d'une très populaire télé-réalité en France m'a contactée. Elle m'offrait de participer à *Secret Story*, un concept d'émission où tous les participants ont un secret que les autres doivent tenter de deviner. De prime abord, j'ai refusé tellement cette offre me semblait farfelue. Mais devant l'insistance des producteurs qui sont revenus à la charge trois fois, je me suis questionnée. Et si *oui* justement, cette expérience s'inscrivait dans le UN de ma destinée ?

Finalement, j'ai accepté l'invitation pour l'expérience humaine et pour donner de la visibilité à nos écrits. La veille de mon départ, en pleine méditation, j'ai vu deux mains saisissant chacune un câble électrique afin de les rebrancher l'un à l'autre. En mon for intérieur, j'ai compris que ce voyage allait me reconnecter à moi-même.

---

2. MANDINO, Og. *Mission : Succès*, Un monde différent, 1988, 201 p.

Secret Story fut une aventure inoubliable! Isolée 24 heures sur 24, pendant huit jours, avec une tribu de jeunes hommes et de jeunes femmes, quel dépaysement pour une mère-épouse-professionnelle de 39 ans! Mes tabous ainsi que mes clichés en ont pris un coup. Cette belle jeunesse m'a rappelé l'importance de ne pas juger autrui et de s'ouvrir à des perspectives différentes de la nôtre. Quand j'ai quitté la Maison des Secrets, je savais que leur énergie avait rallumé ma propre fougue. À leur contact, ma joie de vivre s'est ravivée. Une excellente thérapie pour tout adulte qui se prend trop au sérieux!

De retour au Québec, je fus invitée sur quelques plateaux de télé et deux éditeurs se sont manifestés. Quelques mois plus tard, notre premier livre, *L'effet Popcorn,* se retrouvait sur les tablettes des librairies. Il est rapidement devenu un succès de librairie au Québec, tel qu'imaginé dans nos rêves les plus fous. Comble de surprise, il a aussi été publié en France.

Jamais je n'aurais pu imaginer une telle trame d'événements! Naturellement, plusieurs ont jugé que je m'étais abaissée en participant à ce genre de télé-réalité. Mais j'assumais entièrement parce que je ne *séparais* pas cette expérience du reste de mon vécu. J'allais à la rencontre d'êtres humains, animée par mon désir de *prendre soin*, comme je le fais dans mon quotidien. Le *un* m'est apparu clair, et je m'y suis ralliée.

Des occasions merveilleuses se trouvent souvent sous notre nez. Mais nous passons à côté parce que nous compartimentons les situations ainsi que les individus. Nous croyons *valoir plus que* cette simple affaire ou *être mieux que ces individus*. Encore une fois, mes parents m'ont transmis une solide valeur: être ouvert à tout et à tous. Ils m'ont permis de côtoyer plusieurs classes sociales à travers des expériences de travail très variées. Ils m'ont aussi appris qu'un véritable leader est au service des autres. Ils m'ont enseignée à FAIRE UN.

Je me sens aux commandes. Non pas que je contrôle ce qui arrive, mais plutôt que j'assume entièrement tout ce que je vis et tout ce que je suis. Ainsi, je crois que l'invitation de Marianne Williamson à briller en est également une à s'assumer. Plus je choisis de voir, d'apprécier la lumière contenue en moi ainsi que dans mon existence, plus je permets aux autres d'assumer leur propre brillance.

La confiance que l'Amour et le *un* sont déjà vainqueurs me permet de dédramatiser les situations. Face à la dualité et au conflit, je prends davantage de recul au point de m'asseoir dans la salle afin de devenir spectatrice de ma propre vie. Même si certaines scènes colportent la tragédie, je me souviens que la pièce de théâtre se termine bien.

Les actes continuent de s'enchaîner et de défiler sous mes yeux. La fillette adepte de mélodramatique n'est plus. L'adolescente aux idées suicidaires s'est évaporée. La jeune femme à la quête tourmentée a disparu. L'adulte inquiète de ne pas trouver sa voie s'est volatilisée. Tout ceci me semblait si réel autrefois. Et voilà que, comme au théâtre, j'en souris presque, en donnant un petit coup de coude à Dieu, qui s'en moque lui aussi. Entre deux poignées de savoureux popcorn, je comprends qu'un simple changement de perception produit de grands miracles !

•••

19.
HOME STAGING
Laisser régner la paix d'esprit

....

« Tu es le centre d'où la paix irradie vers l'extérieur, pour appeler les autres à entrer. Tu es sa maison, la tranquille demeure d'où elle va doucement vers les autres, mais sans jamais te quitter. »

Un cours en miracles, p. 435

....

À quarante ans, le miracle qui me réjouit le plus est lorsque je peux déambuler avec l'esprit en paix. Vaquer au quotidien sans être assaillie par le jugement des autres, le stress des échéanciers ou l'inquiétude de ce que sera demain. L'ouvrage *UCEM* clame que la paix d'esprit se trouve déjà en nous. Vraiment? J'étais pourtant certaine qu'elle était en rupture de stock quand l'humanité a vu le jour!

UCEM mentionne aussi que j'ai sacrifié ma paix et que je l'ai abandonnée à ce monde. Oh, mince... Le but ultime de ma quête spirituelle est de me sentir paisible. Pas seulement en surface, mais, surtout, au plus profond de mon cœur. Aurais-je vraiment laissé filer la seule chose que j'aie jamais poursuivie? Quelle ironie.

Pour avoir évolué en religion, je savais que *UCEM* faisait référence au fait de se dédier à de *faux dieux*. Sacrifier ma paix à ce monde signifie que j'essaie de la trouver ailleurs qu'en ce qui est réel, intemporel, éternel. C'est croire que cet ici-bas avec ses promesses de succès, de richesse, de plaisir va me procurer la paix. Remettre la question au goût du jour ressemblerait à ceci : Où est mon bonheur ? À quoi et à qui appartient mon cœur ? En quoi est-ce que j'investis mon capital humain ? Quel attachement m'est si important que de le perdre serait désastreux ?

Nous y voici. **Une spiritualité ÉDIFIANTE** propose une introspection sobre et dépourvue de complexité. L'examen de conscience doit devenir un jeu d'enfant, c'est-à-dire que même les petits pourraient s'y soumettre. L'honnêteté envers soi et l'intégrité sont à la portée de ceux qui le veulent, il s'agit simplement de cesser de *se faire des accroires*. Lorsque j'analyse mon agir, mes pensées, mon attitude, je dois avoir la franchise d'admettre ce qui me conduit. Est-ce l'Amour ou est-ce un autre dieu ?

Nous, les adultes, compliquons la démarche et trouvons le moyen de mentionner qu'il y a plusieurs enjeux, qu'il faut décortiquer chacun d'eux et y aller de prudence. À quoi bon ? Il n'y a pas de degrés dans l'Amour et surtout pas de séparation. Alors, répondons franchement à la question : par quoi sommes-nous motivés ?

Je peux établir en une fraction de seconde si mon comportement est régi par une émotion bienfaisante ou non. En pratiquant l'introspection de façon régulière, je deviens meilleure à identifier ce qui m'anime. Si, auparavant, je pouvais jouer à cache-cache avec mes sentiments, cela ne m'est plus possible. Les « oui, mais » ne tiennent plus la route, j'ai l'impression d'avoir un accès direct à mon inconscient. Même si cela semble très confrontant, le bienfait que j'en tire n'a pas de prix. Plus je suis honnête avec mes intentions, plus je retrouve la paix d'esprit.

À quel dieu suis-je en train de me vouer ? Cette interrogation me sert de point de départ lorsque je sens un tiraillement intérieur par rapport à une possession, une situation, un désir, une habitude de vie. Lorsque la réponse m'échappe et que la confusion persiste, ainsi va ma réflexion personnelle :

- Suis-je esclave de ma réputation ou est-ce que je m'en sers pour le bien de tous ?
- Suis-je esclave de l'argent ou est-ce que je m'en sers pour le bien de tous ?
- Suis-je esclave de ma carrière ou est-ce que je m'en sers pour le bien de tous ?
- Suis-je esclave de mon apparence physique ou est-ce que je m'en sers pour le bien de tous ?
- Suis-je esclave de l'alcool ou est-ce que je m'en sers pour le bien de tous ?
- Suis-je esclave de ce projet ou est-ce que je m'en sers pour le bien de tous ?

Encore nébuleux ? Je m'accule au pied du mur : « Si je perdais cette *chose*, en serais-je anéantie ? » Lorsque la réponse est oui, je sais que j'ai abandonné ma paix à ce monde.

Pour ce qui est de mes relations avec les autres, le questionnement se pose différemment. Elle renvoie à la notion du *service*. Est-ce que je considère que l'autre doit répondre à mes exigences, c'est-à-dire, être à mon service ?

Si tel est le cas, je n'aime pas l'autre pour ce qu'il est, mais plutôt pour ce qu'il m'apporte. Mes attentes à son égard font que je le perçois comme s'il m'était redevable. Ainsi, je donne à autrui le pouvoir sur ma paix en ce sens que celle-ci dépend de son comportement à mon égard. Quel faux dieu suis-je en train d'adorer? Cette partie de moi qui vit dans *la peur de perdre et de ne pas être aimée*: mon égo.

Dans notre société où le *what's in it for me* a la cote, nous abordons souvent les relations comme des contacts ou des investissements. Le fait d'être ami avec une personne pour des intérêts personnels ou pour ce que l'on apprend à ses côtés s'avère très égocentrique. Aimons-nous cette personne pour ce qu'elle est véritablement ou pour le bien qu'elle nous fait? Si inconsciemment notre définition de l'Amour repose sur la recherche du bien-être, il ne pourra jamais être universel et inconditionnel. Forcément, nous exclurons les gens qui suscitent en nous le malaise.

Qui n'a jamais évité du regard une personne en fauteuil roulant ou un enfant trisomique? Qui ne s'est jamais poussé d'un individu qui sent la transpiration ou d'un collègue qui a toujours mauvaise haleine? Qui n'a jamais monté les vitres de sa voiture à l'approche d'un *squeegee* ou raccroché au nez d'un vendeur? Aucun être humain ne mérite de se sentir inexistant, insignifiant. Un simple «Bonjour!» ou un paisible «Non merci» ponctué d'un aimable sourire, voilà ce qui me paraît digne de notre grandeur.

Servir est le propre de l'Amour. Demeurer humblement au service des autres me confère une indescriptible paix d'esprit. L'engagement désintéressé génère sérénité et quiétude. C'est une des raisons qui explique la popularité du bénévolat. Donner sans attentes à des étrangers, quelle action noble! S'il est aisé d'être gentil avec des inconnus, notre véritable couleur se révèle au contact de nos proches.

Le don de soi à notre entourage sans rien attendre en retour demande du renoncement. Suis-je vraiment en train d'écrire *renoncement*, mot insupportable à notre ère égocentrique ? Ouch ! Donner aux êtres qui nous sont chers consiste à leur permettre de laisser leur lumière briller. Concrètement ? Les écouter et les encourager sans parler de soi, sans leur remettre le passé sous le nez, sans répondre : « Oui mais… » ou sans ajouter « moi aussi ». Se mordre les lèvres. Résister à la tentation de croire que la joie de l'autre diminue la mienne. Immoler notre ego. Ouch !

Ce précédent paragraphe semble extrait d'une époque où le sacrifice allait de pair avec la spiritualité. Abnégation, oblation, privation, tant de termes qui rebutent les citoyens du troisième millénaire. Nous associons *sécurité* à *accumulation de biens et de richesses*. Dans un obsessionnel *cocooning*, nos maisons ont l'allure de bunkers dans lesquels on peut s'autosuffire pendant des mois. Notre confort est sacré et gare à ceux qui oseraient le perturber ! Comme si notre paix d'esprit dépendait du contrôle que nous exerçons sur notre environnement, sur ce qu'il y a au-dehors de nous.

Or, si la paix d'esprit se résumait à changer le monde, ne serait-ce que notre petit monde, elle ne serait que le lot des puissants et des bien nantis. Des milliards de personnes n'ont ni les moyens ni le pouvoir de changer leur environnement. La paix ne saurait donc provenir de notre *extérieur*.

Pour vivre paisiblement, une séance de *home staging* à l'intérieur de soi s'impose. J'aime ces émissions où un professionnel fait subir un *examen de conscience* à une demeure en questionnant et en réaménageant le décor. Parfois, les propriétaires doivent renoncer à des objets ou à des meubles auxquels ils sont attachés parce qu'ils ne concordent plus avec le nouvel agencement. Malgré la déception du moment, leur abnégation porte des fruits. Au final, la mise en valeur de la maison est convaincante.

La paix d'esprit demande du réaménagement intérieur ainsi que du renoncement. Mais le sacrifice auquel nous sommes appelés n'est pas celui que nous croyons. Il ne s'agit pas de changer de vie extérieurement. Pour être allée jusque-là en devenant religieuse, je confirme que ce n'est pas systématiquement un gage de sérénité. Nous n'avons pas à renoncer à l'argent, au succès, au luxe, à la réussite, au confort et au plaisir. Non. La seule chose qu'il nous faille sacrifier c'est la *peur*. La peur de perdre, la peur du manque, la peur de ne pas être reconnu, la peur de tomber malade, la peur de vieillir, la peur d'échouer, la peur dans tous ses aspects les plus sombres.

Nous posons des actions et nous prenons des décisions en fonction de nos peurs. Des manies remplies de distorsions naissent de nos craintes, parfois à notre insu. Or, il faut une solide volonté de vérité pour identifier les cultes qui nous sont nuisibles. L'égo déteste que nous prenions nos responsabilités. Il réagit violemment en se justifiant. Il en arrive à nous *faire croire* que nous avons raison. Par exemple, même si notre situation financière est dans le rouge, nous nous autorisons une nouvelle dépense : « Je mérite bien ça ! » Malgré notre résolution de remédier à notre dépendance à l'alcool, nous nous innocentons : « Quel mal y a-t-il à se servir un verre pour décompresser un peu ? » Devant notre désir de pardonner et de renouer avec une personne, nous nous retenons : « Elle me blessera de nouveau, c'est certain. Il vaut mieux me protéger et ne rien faire. »

Si la peur fut longtemps l'un de mes principaux réflexes, elle a perdu du terrain. Plus je délaisse la peur et plus mon existence en est renouvelée. Cela m'a permis d'opérer un virage vers la concrétisation de mes rêves avec mon mari et mon garçon. Des occasions formidables viennent à moi et je suis bénie par une pluie d'abondance. Je pourrais être comblée à cause de ces magnifiques circonstances, mais, étrangement, mon sentiment de plénitude ne provient pas de ce qui est à l'extérieur...

Renoncer à la peur permet à l'Amour de se manifester aisément sous différentes formes dans mon existence. À croire que Dieu se moque depuis toujours de mes soucis et de mes angoisses. J'ai l'impression d'avoir réaménagé entièrement mon intérieur et renforcé ma conviction que je n'ai rien à craindre en ce monde. Quoi qu'il arrive, je demeure en Dieu, et sa puissance est toujours mienne. Voilà d'où provient davantage ma paix d'esprit.

•••

20.
SI DIEU N'EXISTE PAS

Au-delà de la foi et des croyances : l'Amour

....

« Ce qu'un homme pense, il le perçoit. Par conséquent, ne cherche pas à changer le monde, mais choisis de changer ton esprit au sujet du monde. »

Un cours en miracles, p. 477

....

Pour traverser le jour et trouver sommeil la nuit, avec une paix profonde, il est évident qu'un méga changement de perception s'impose. Quelles sont les chances que ce monde chaotique change ? En fait, je me demande s'il a bougé d'un poil depuis l'aube des temps. En apparence, l'humanité semble avoir évolué. Toutefois, si nous scrutons notre conscience, on assiste toujours à la même rengaine d'attaque et de contre-attaque. Les gens perçoivent parfois ce constat comme du cynisme et s'offusquent : « On ne peut pas laisser aller ce monde en dérive ! » Ah bon, parce qu'il ne serait pas déjà en dérive ?

Je sais. Comment une femme qui croit en Dieu peut-elle abdiquer ainsi ? Justement, parce que je crois qu'il existe, il m'apparaît facile de lâcher prise. Ma perception de ce monde ne frôle ni le désespoir ni la désolation. L'Amour a déjà gagné même si ce n'est pas visible au premier coup d'œil. Je ne dis pas qu'il ne faille rien faire pour autant et attendre que cet ici-bas passe. Pour quiconque vit ancré dans l'Amour, *l'action* ainsi que *la pensée* pour le bien de tous ne sont pas optionnelles, elles se veulent vitales. Sauf que, malgré mon engagement quotidien à laisser ma lumière briller, j'ai renoncé à jouer les sauveurs. C'est peine perdue.

Le drame de ce monde vient peut-être du fait que nous lui attachons trop d'importance. Que nous le considérons comme une finalité en soi. Mais si nous le prenions pour ce qu'il est, soit un simple voyage, notre façon de l'aborder ne serait-elle pas plus décontractée?

Nous sommes tous des maîtres spirituels en devenir. En nous réside déjà cette perception transcendante que nous admirons chez les grands mystiques contemporains. La différence entre eux et nous, c'est qu'ils traversent cette existence en voyageurs.

Au cours d'un séjour à Rome avec mon amoureux, j'ai compris ce que cela signifiait. Je me sentais plongée dans le moment présent, capable de ne pas penser au travail ainsi qu'aux obligations qui m'attendaient à la maison. Mon mental se trouvait en mode *off*. Surtout, les petites contrariétés me faisaient sourire. La qualité de ma chambre d'hôtel ou du repas servi n'avait aucune importance, car ce n'était que temporaire. Je me suis promis de ramener cet état d'esprit dans mes bagages. User de tout et traverser le quotidien avec détachement, sachant qu'au bout du compte, cette existence se veut provisoire.

Or, même pour la personne qui ne croit pas en une vie après la mort, cette vie-ci demeure temporaire puisque nous allons tous mourir. Il me semble que ce monde éphémère ne mérite pas que l'on s'entretue pour lui. À quoi bon se nuire les uns les autres pour tirer notre épingle du jeu, acquérir une fortune ou créer un empire?

Au bout du compte, nous n'emporterons rien de nos acquis et de nos gloires. Seul le regret d'avoir porté préjudice à nos semblables risque de nous accompagner à l'heure du trépas.

Au moment où j'écris ces lignes, ma grand-mère paternelle vient de mourir à l'âge vénérable de 93 ans. Cette femme a toujours imposé le respect ainsi que la dignité. Elle s'est donnée sans retenue en prenant soin des siens. Cela ne l'empêche pas d'avoir eu des opinions arrêtées sur certains sujets. Bien que nous venions de deux époques différentes, nous nous comprenions sans doute à cause de notre force de caractère. Lorsque j'allais la visiter, elle ressassait des souvenirs, elle sortait ses albums photo ou me racontait la provenance d'un bibelot. Mais l'activité que je préférais de loin, c'est celle que je surnommais affectueusement les « signets de morts ». Parfois, grand-maman sortait une pile de petits cartons hommage, ceux que l'on remet au funérarium en mémoire d'un défunt. Nous les regardions, un à un, et elle me parlait de chaque personne, comme si la mort constituait une pure banalité.

Ma grand-mère avait perdu ses illusions et savait trop bien ce qui l'attendait. Chaque mois, la morgue débarquait dans la résidence qu'elle habitait pour récupérer le corps d'un vieillard. Au cours des dernières années, j'ai remarqué qu'elle parlait avec plus de compassion de certains passages de sa vie. Sa perception semblait s'adoucir et s'alléger.

Chaque fois que je lui rendais visite, j'étais consciente qu'il s'agissait peut-être de la dernière. Je sentais que son âme était en train de plier bagage afin de repartir. Et je réfléchissais : que reste-t-il de sa vie ? Sa force d'autrefois l'avait quittée, son ouïe lui faisait défaut, ses jambes ne la soutenaient plus autant. Visiblement, cette femme, qui fut un pilier indéfectible pour sa famille, ne pouvait se réduire à cette condition… Par pudeur, je n'osais lui demander si, à travers ce désenchantement, elle croyait toujours en Dieu.

Se prononcer sur l'existence de Dieu quand tout va bien s'avère facile. C'est en temps de crise que nous évaluons proprement où nous nous situons par rapport à l'Au-delà. Notre véritable lien s'y révèle. Certains se disent *athée*, mais qu'en serait-il de leur statut si un grave cancer les menaçait? Ou si leur enfant luttait contre la mort à la suite d'un accident? La plupart d'entre nous lanceraient un «S'il vous plaît, aidez-moi!» vers le Ciel. Tant que nous ne sommes pas confrontés à une rude épreuve, de laquelle nous ne pouvons nous sortir seul, nous ignorons la teneur de notre relation à Dieu.

L'athéisme n'est pas monnaie courante, contrairement à ce que l'on pourrait croire. Un de mes professeurs à l'université m'a permis de le comprendre en nous expliquant que le véritable athée a d'abord longuement réfléchi sur l'Au-delà, le sens de la vie, la mort, etc. Puis au terme de plusieurs années de réflexions, il en vient à la conclusion (peut-être à contrecœur) que Dieu n'existe pas. Bien que je respecte hautement cette démarche théologique, le fait même de devoir nier l'existence de Dieu n'implique-t-il pas qu'il existe? Vu de cette manière, l'athée pourrait être un éminent messager de l'Au-delà.

Bref. Étant une adepte des citations, l'une de mes sources préférées est Friedrich Nietzsche, un athée fini qui a proclamé la mort de Dieu. Pourtant, il écrit des choses qui inspirent, soulèvent, alimentent ma passion pour l'humain et le divin. En voici quelques-unes qui me suivent constamment:

«Le royaume des cieux est un état du cœur.»

«Que dit ta conscience? Tu dois devenir l'homme que tu es.»

« La croyance que rien ne change provient soit d'une mauvaise vue, soit d'une mauvaise foi. La première se corrige, la seconde se combat. »

Nietzsche dit aussi que « les convictions sont des prisons » et je suis entièrement d'accord avec lui sur ce point. **Une vie spirituelle EXALTANTE** considère tout, même les convictions, avec détachement. Il faut aller jusqu'à remettre en question l'existence de Dieu, peu importe nos années de cheminement, peu importe le degré de notre foi. Car de cette lucidité peut enfin naître une sereine liberté par rapport au fait religieux.

Plusieurs soi-disant athées se définissent ainsi alors qu'ils ne sont que les héritiers d'un monde où nous faisons comme si Dieu n'existe pas. Ils en déduisent peut-être que l'absence de la spiritualité dans le discours social prouve que le divin est une fabulation. Et ils suivent l'air du temps sans vraiment se questionner profondément, intensément. La mode se veut à tant d'autres choses qu'à s'interroger sur un possible Au-delà ! Mais y a-t-il plus d'athées de nos jours pour autant ? J'en doute.

Sur un ton poétique, j'aime à me considérer moi-même athée, bien que cela fasse pouffer de rire mon entourage. Je trouve que l'athéisme me donne du style, alors pourquoi pas ? Oui, je suis athée d'un Dieu en qui subsiste autre chose que l'Amour. Voilà, mon *coming out* est fait.

Dieu dépend de nous. Si nous pouvons lui attribuer n'importe quel rôle, nous avons également le pouvoir de lui donner la vie ou de lui infliger la mort à travers nos propres choix. Je me souviens d'un moment où j'ai eu l'impression qu'il était inerte. Quelques semaines avant de quitter la communauté religieuse, au plus profond de ma crise, j'errais avec le sentiment que Dieu n'était plus. Malgré ma supplication de dénouer l'impasse face à mes supérieures et de sauver ma vocation, il n'y eut jamais plus totale absence de sa part. Devant sa soudaine disparition, je n'ai eu d'autre option que de me reprendre en main.

Quelle importante leçon ai-je tiré de ce passage ! J'ai alors compris que Dieu lui-même ne pouvait rien pour moi si je ne passais pas à l'action de mon côté. Il s'en remettait entièrement à ma volonté, sachant qu'il aurait pu y perdre beaucoup. Si les choses avaient mal tourné, n'aurait-il pas perdu mon estime, mon respect, mon affection ? Ne prenait-il pas le risque de mourir, à mes yeux ? Je le soupçonne d'avoir croisé les doigts en espérant que je prenne la bonne décision : celle de vivre à fond intérieurement. Par ce mouvement de mon être, il aurait également la vie sauve.

J'ai mis du temps à voir les choses sous cet angle, et c'est mon mari qui fut le porte-parole de la sagesse, au début de notre relation. Lorsque je lui ai fait part de mon histoire, il m'a dit : « Lors de ta conversion et de ton entrée en religion, Dieu t'a fait revivre. Mais en prenant la décision de quitter la communauté, tu as fait revivre Dieu. »

Faire *acte de vie* a modifié mon histoire ainsi que ma perception de ce monde. Les années s'écoulent et il n'en reste qu'une traînée de poudre lumineuse, un vague sillon argenté. Tout autour, les êtres ainsi que les événements semblent me sourire. Mon regard sur les autres n'est plus le même, il s'imprègne d'une compassion qui me surprend. Plus je vis pleinement, plus la Vie semble émaner de toute part, même des situations les plus sombres. Mon âme perçoit une étincelle divine partout, bien qu'un genre de flou recouvre l'objet de ma vision. Alors, je ne pourrai jamais être certaine à 100 % de ce que j'affirme.

Il semble que l'existence de Dieu rende ce monde moins opaque, mais son inexistence demeure une possibilité à envisager. Toutefois, s'il existe malgré notre conviction qu'il n'existe pas, nous sommes définitivement la risée de l'éternité ! Le sérieux qui enveloppe cette considérable question est typique de l'humanité. Or, Dieu s'en moque et dédaigne même notre argumentation. Il n'a qu'une obsession : l'Amour.

•••

ENVIE DE POURSUIVRE VOTRE DÉMARCHE ?

Découvrez mon vlog : mariejoseearel.tv

Régulièrement, j'y publie des textes et des vidéos où j'aborde différents sujets inspirants. Avec vous, je discute de bonheur, de grandeur, de puissance et aussi de spiritualité. Mon désir est toujours le même : que vous laissiez votre lumière briller, et ce, jour après jour.

REMERCIEMENTS

Mon premier élan de gratitude va vers mes proches, qui m'ont toujours soutenue. À Marc ainsi qu'à notre fils Guillaume, pour leur amour, qui me permet d'être celle que je suis. À mes parents Ginette et Richard qui m'ont donné la Vie et m'en ont appris les plus précieux fondements. À mon frère Christian et à ma sœur Julie, des êtres généreux dont l'originalité m'inspire.

Ma reconnaissance va aussi vers les gens qui m'appuient dans ma démarche d'auteure. À ma complice Julie Vincelette, qui m'a enseigné la persévérance dans mon rêve d'écrire. Aux abonné(e)s du blogue « En Amour Avec La Vie » et aux lecteurs, lectrices de *L'effet Popcorn*, pour leur confiance. Au réseau Tupperware « Les Diamants », là où l'on peut laisser notre lumière briller.

Je tiens également à remercier les personnes à l'origine de cette publication. À Anouschka Bouchard, un ange sur ma route dont les premières impressions sur mon livre m'ont convaincue qu'il devait voir le jour. À Monsieur Jacques Fortin et à Martine Podesto de Québec Amérique, pour avoir apprécié et saisi l'essence profonde de mon manuscrit. À Myriam Caron Belzile, pour ses remarques judicieuses dans le peaufinage de mes idées. À toute l'équipe de Québec Amérique, si dynamique, enthousiaste et professionnelle !

Enfin, un merci spécial à Dieu, qui est assurément le Vent dans mes voiles...